심리상담사, Here and Now

BEGINNER SERIES 10

심리상담사, Here and Now

글 이수경

I AM A
COUNSELOR

심리상담사를
꿈꾸는 이들을 위한 직업 공감 이야기

크록

CONTENTS

Part 3
마음 흔들기

PROLOGUE

상담실의 문을 열고 들어서면 가장 먼저 창문이 보인다. 하늘도 올려다보고 멀리 나무도 보면서, 몹시 한가한 사람처럼 길거리 풍경에 눈길을 주다가 습관처럼 내뱉는 말이 있다. 상담하는 사람이라면 너무나도 익숙한 단어 'Here and Now'이다.

나의 'Here and Now'는 마음을 편하게 해주는 초록색 벽지와 기다란 책상, 작은 소파와 의자가 있는 공간이다. 커피를 내리고 잔잔한 음악을 틀고 상담실에 향기와 온기가 가득 차오르는 것을 느낀 뒤에야 노트북의 전원을 누른다. 나에게는 익숙한 이 일상이 누군가에게 이루고 싶은 목표일 수도 있다는 생각이 들었다. 그래서 상담사로서의 꿈을 가지게 되었던 그 시작이 언제였는지 기억을 더듬어 본다.

두 아이를 양육하면서 정신없는 하루하루를 보내던 2003년의 일이다. 지인으로부터 상담자격 시험공부를 하느라 바쁘다는 이야기를 들었다. 우리나라에도 상담 관련 국가자격시험이 있었나 의아해했던 나는 지인의 소식이 궁금

했고 얼마 뒤에 다시 만난 지인으로부터 시험에 대한 후일 담을 듣게 되었다. 그 자격시험이라는 것이 청소년상담사 이고 국가자격증으로 제정되어서 올해 처음 시행되었다는 것이다. 우리나라에도 국가에서 인정하는 상담 자격증이 생겼고, 그 상담이 비단 청소년에 국한된 것이 아니라는 것을 들으며 육아로 잠시 보류했었던 나의 꿈에 다시 불씨 가 지펴졌다.

생각해보면 어린 시절 아주 활달한 성격은 아니었다. 하지 만 동네 동생들이나 피아노 학원 선생님, 혹은 이웃 할머 니들까지 다양한 사람들과 무던하게 어울렸다. 꽤 나이 차 이가 나는 어른들하고도 마치 친구인 양 한두 시간 이야기 를 나누었다. 등하굣길에 가끔 들렀던 앞집 아주머니는 어 린 초등학생이던 나에게 자기의 이야기를 털어놓으며 한 숨을 쉬기도 하고 웃기도 했다. 그러고는 손을 잡으며 이 야기를 들어줘서 고맙다고 했다. 그분은 대체 무엇이 고 마웠을까? 학창 시절 장래희망 칸에 심리학자라고 적었 던 걸 생각하면, 당시에는 정작 그 일이 어떤 것인지 잘 몰

랐음에도 불구하고 나의 관심은 인간의 마음, 그리고 사람 간의 관계에 가 있었던 것 같다.

좋은 사람들 사이에서 자랐던 어린 시절은 상담사로서 성장하는데 큰 자양분이 되었다고 확신한다. 많은 내담자를 만나면서 사람에 대한 기본적인 신뢰감을 갖는 것이 얼마나 어려운 일인지 알게 되었기 때문이다. 심리상담사라는 직업은 인간의 마음과 사람 간의 관계를 다루는 일을 한다. 좀처럼 풀리지 않는 인간관계, 학업이나 업무로 인한 스트레스, 과거에 경험했던 부정적 사건으로 인한 트라우마, 성장 과정에서 형성된 왜곡된 신념 등 인간의 내면을 이해하는 직업이다. 객관적으로 관계를 보면서도 인간대 인간으로 상호작용하면서 내담자를 수용한다. 사람들은 심리상담사와의 안정된 신뢰 관계를 경험함으로써 세상에 나갈 힘을 얻는다.

상담실에서 오고 가는 이야기는 내담자의 상처와 고통의 이야기이다. 관계에서 받은 상처, 절망적인 환경으로 무기력에 빠진 아이들, 배우자의 외도로 인해 무너져 버린 마음, 사랑하는 사람을 상실한 고통… 이 중 어느 것 하나를 대수로운 게 아니라고 치부할 수 있을까? 내담자들이 걸어가는 걸음만큼 곁에서 따라가며 공감하지만, 마지막에 함께 도달하고자 하는 목적지는 바로 회복이다. 오늘도 전국의 많은 기관과 상담실에서 내담자의 수많은 사연이 펼쳐지고 있다. 단기간에 해결되는 문제도 있지만, 좀처럼 회복의 기미가 보이지 않는 이야기도 있다.

세상이 복잡해질수록 상담실을 찾는 사람들은 늘어가고 내담자들에게 적합한 이론이나 기법들은 더 다양해진다. 공부가 끝이 없다는 걸 심리상담사로서 늘 느끼고 있지만 어떠한 이론이나 기법보다 중요한 것은 내담자를 대하는 상담사의 태도이다. 존중받고 공감받을 때 내담자는 힘이 생기고 스스로 변화할 준비를 한다. 상담계획을 짜고 내담자와의 상담목표가 달성되도록 노력하면서, 과연 내가 내담자를 온전히 공감하고 수용하고 있는지 매번 나 자신에게 묻게 된다. 그의 신발을 신어보기 전에는 그 사람을 온전히 이해할 수 없다는 말이 있다. 그래서 오늘도 내담자의 신발을 나누어 신고, 심리상담사로서의 길을 걸어간다.

인간에 대한 따뜻한 마음과 자기 자신에 대한 건강한 인식, 그리고 공감과 경청이라는 의사소통의 기본 자질이 있다면 심리상담이라는 분야에 관심을 가져도 될 것 같다. 심리상담사가 되기 위해서는 끝없는 공부와 자기성찰이 뒤따라야 하지만 내담자뿐만 아니라 결국은 나 자신이 성숙해지는 것을 발견할 수 있으니 말이다.

I am a counselor

Part 1 마음 들여다보기

1 심리상담사의
일상

오늘은 법원에서 상담위원 위촉식이 있는 날이다. 일 년에
한 번 있는 위촉식에는 가급적 참석하려고 한다. 오랫동안
만나지 못했던 선생님들을 한 공간에서 볼 수도 있고 이런
저런 소식도 들을 수 있기 때문이다. 초보 상담사의 성장
과정을 함께 했던 몇몇 익숙한 얼굴들이 보이자 성큼 걸어
가서 인사를 했다. 막 대학을 졸업해 가족센터의 신입으로
들어와서 객원상담사들을 관리했던 직원도 십여 년의 세
월이 지나고 나니 어엿한 심리상담사가 되어 옆자리에 앉
게 되었다.

이제는 은퇴할 나이라며 너스레를 떠는 선생님들은 대부
분 개인상담소의 소장이나 지역사회기관의 센터장으로 일
하는 분들이다. 심리상담사라고 해서 개인상담만 하는 건
아니다. 대학에서 강의도 하고 지역의 다양한 기관에서 교
육이나 상담을 진행한다. 서로 집단상담 프로그램이나 강
의 의뢰를 하고 새로운 사업의 채용정보도 나눈다. 개인상
담실을 제외하고, 심리상담사를 필요로 하는 대부분 센터
는 상담 업무 외의 다양한 프로그램을 운영하는 경우가 많

16

기 때문이다. 심리상담 영역에서 일하는 전문가들이 모처럼 모이는 위촉식에서는 서로 명함을 주고받으며 인사하는 일이 일상적인 풍경이다.

"선생님 여전하시네요, 요즘 어디에 계세요?"
"저는 작년에 ○○센터장으로 왔어요, 선생님은 계속 상담실에 계세요?"

이날도 예전에 객원상담사로 함께 일했던 분이 청소년 관련 기관 센터장이 되었다고 해서 무척이나 반가웠다. 집단상담과 프로그램을 의논하자고 해서 연락처를 교환했고 서로의 근황을 이야기 나누었다.

혼자 일하는 개인상담실과는 달리 여성가족부나 보건복지부 산하의 기관들은 사무실 안이 북적북적하다. 프로그램을 진행하는 외부전문가와 비상근직 객원상담사 그리고 기존의 직원들이 함께 일하기 때문이다. 늘 새로운 프로그램을 기획해야 하는 기관은 역량 있는 심리상담사 인력 풀을 가지고 있어야 한다. 집단상담이든 개인상담이든 믿고 의뢰할 수 있는 상담사가 많다면, 다양한 내담자에게 가장 적합한 상담을 제공할 수 있기 때문이다. 나는 초심자 시절 가족센터에서 전화상담을 하다가 자연스럽게 객원상담사가 되었고, 꽤 많은 케이스의 개인상담을 진행하게 되면서 자연스럽게 직원들과도 친해졌다.

17

객원상담사는 일주일에 한 번, 혹은 두 번 출근하며 4~5케이스의 상담을 담당한다. 늘 새로운 이론습득과 다양한 자격과정, 수련일정이 넘쳐나는 심리상담의 특성 때문일까? 함께 서울과 대전을 다니며 공부를 했고, 자격증 취득 때문에 여러 번 새벽 기차를 타기도 했다. 외부의 교수님을 초청해서 같이 집단상담을 받은 경험도 있다. 마음이 잘 맞는 센터직원들이 있으면 상담 전후로 함께 차를 마시며 잠깐의 여유를 누리기도 한다. 당시 일하던 센터 근처 커다란 공원에 작은 접이식 책상을 들고 나가 피크닉처럼 행복한 점심시간을 즐겼다. 케이스에 대한 슈퍼비전을 준비하며 동료들과 머리를 맞대며 의논했던 기억도 난다.

결국, 상담사는 늘 주변 사람과 함께 일하고 함께 성장하는 직업이라는 생각이 든다. 업무 자체에서도 내담자라는 사람을 다루지만 늘 주변에 그것을 지탱하는 관계들이 있는 것이다. 삼삼오오 모인 동료들을 보자 오랜만에 좋은 기억이 떠올랐다. 옆자리 선생님과 위촉식 이후의 뒤풀이를 약속하며 웃음을 지었다.

Q1
심리상담사는
어떤 일을 하나요?

영어로는 심리상담사를 카운슬러counselor 라고 한다. 상담사, 심리상담사, 상담심리사, 전문상담사 등 다양한 용어로 불리는 우리나라에 비하면 명칭이 통일되어 있다.

심리상담사는 사람들의 정신적, 감정적, 사회적 문제에 대해 도움을 제공하는 전문가이다. 개인 혹은 집단에 정서적인 지원을 제공하며 감정적인 어려움, 인간관계에서의 어려움, 스트레스, 불안, 우울증 등과 같은 다양한 심리적 문제를 다루며 학문적인 이론을 바탕으로 어떻게 해결하면 좋은지에 대해 도움을 준다. 내담자에게 비판적이고 비난하지 않는 환경을 제공하여 개인이나 집단이 자신의 감정과 경험을 안전하게 표현할 수 있도록 돕는 일을 한다.

심리상담사가 하는 상담의 종류와 내용에 대한 몇 가지 예시이다.

종류	내용
일반 상담	상담사는 개인 또는 그룹 상담을 통해 내담자와 대화하고 그들이 겪고 있는 심리적인 어려움을 이해하며 해결책을 찾는 데 도움을 준다.
평가 및 진단	상담사는 내담자의 심리적인 상태를 평가하고 진단하여 문제의 본질을 이해하고 적절한 치료계획을 수립한다.
자기 이해	내담자들이 자신을 이해하고 개발할 수 있도록 돕는다. 자기 인식 및 자기 개발에 도움이 되는 전략을 공유한다.
스트레스 관리 및 문제 해결	상담사는 내담자가 스트레스를 효과적으로 다룰 수 있는 기술을 알려주고 문제를 해결할 수 있는 능력을 향상하는 데 도움을 준다.
가족 및 부부 상담	가족 내의 갈등이나 소통 문제, 부부간의 어려움에 대한 상담을 제공한다.
중독 및 심리적 문제	중독, 우울증, 불안 등과 같은 심리적 문제에 대한 상담을 제공한다.
예방적 상담	예비부부 상담이나 부모교육 등 심리적 문제를 예방하고 건강한 정신적 상태를 유지하기 위한 상담이나 교육을 진행한다.

Q2
심리상담사의 일과는
어떻게 되나요?

어디에 속해서 일하는지에 따라 일과는 다르다. 기업이나 기관, 병원 등에 속해서 상근직으로 상담을 하는 경우, 일반 직장인들과 같이 오전 9시에 출근해서 오후 6시에 퇴근을 한다. 청소년 상담센터나 가족센터, 대학의 학생상담센터, 교육지원청 내에 속한 Wee 센터, 군부대, 교정기관 그리고 기업체의 상담실 같은 곳이 상근직이다.

상근직 상담사의 하루를 시간표로 살펴보면 다음과 같다.

시간	업무
오전 9시	출근
오전 9시~9시30분	팀 회의 및 업무확인
오전 10시~11시 30분	내담자 상담
오후 12시~1시	점심시간
오후 1시 30분~2시 30분	내담자 상담
오후 3시~4시	내담자 상담
오후 4시~5시	사례회의 및 사례 슈퍼비전
오후 5시~6시	사례정리 및 내담자 파일 정리
오후 6시	퇴근

기관마다 다르지만 보통 출근 후 30분 정도의 팀 미팅을 가지며, 그 후 본격적인 업무를 시작한다. 일반적인 직장인들과 비슷하다고 볼 수 있다. 평균적으로는 10시 경에 첫 상담이 시작된다. 상담이 많은 기관이나 센터의 경우에 오전에 한 개나 두 개의 케이스를 상담하고 점심시간을 가진 뒤 오후에는 두세 개 정도의 케이스를 담당한다. 한 케이스당 상담시간은 50분~60분이 일반적이고, 방문하는 내담자들이 서로 겹치지 않도록 약 30분 정도씩 간격을 두며 예약시간을 정한다. 예를 들면 오후 첫 타임은 1시 30분부터 2시 30분까지, 두 번째 타임은 3시부터 4시까지, 세 번째 타임은 4시 30분부터 5시 30분까지. 이런 식으로 진행하는 것이다.

기관에 속해서 상근직으로 일하는 심리상담사는 소속된 기관의 특성에 따라 행정적인 업무를 병행한다. 상담일지 작성이나 상담을 위해 방문하는 분들에 대한 기초자료 작성, 예약문자 발송과 사례회의보고서 등은 내담자와 직접 관련된 일이라고 볼 수 있다. 월별 상담 이력 작성이나 지방자치단체나 기업체에서 제안하는 상담사업에 공모하는 일, 상위기관에 제출할 보고서 작성, 기관홍보나 행사 준비 등을 하기도 한다. 이 일들은 직접적으로는 내담자와 관련이 없어 보이지만, 기관에서는 더 많은 내담자에게 좋은 상담서비스를 제공하기 위해 하는 일들이므로 역시 중요한 업무이다.

정해진 상담일정을 모두 마친 다음에는 상담일지를 정리하고, 상담에서 사용한 검사지가 있다면 그 내용을 해석하고 검토한다. 상담사가 해석이 가능한 검사지의 경우는 스스로 해석하고 결과를 체크하지만, 임상심리사의 도움이 필요한 경우에는 검사지 해석을 의뢰한다. 임상심리사는 다양한 심리검사를 진행하고 해석하는 업무를 담당한다. 내담자별로 다음 상담에 필요한 검사지를 정하거나 상담의 방향을 점검하고 그 내용을 파일에 보관한다.

내담자에 대한 파일 정리가 끝나면 동료 상담사들과 상담 기법이나 새로운 이론에 관한 이야기를 나누기도 하고 선배상담사와의 슈퍼비전^{경험이 풍부한 전문가에 의해 제공되는 상담내용에 대한} _{지도}일정을 논의하기도 한다. 상담사의 윤리에는 비밀보장의 원칙이 있어 상담내용에 대해서는 함부로 누군가와 이야기하지는 않는다. 모든 정리가 끝나고 나면 상담실의 불은 꺼지고 하루가 마감된다.

심리상담사는 상근직보다 비상근직이 많다. 여러 기관에 위촉상담사나 객원상담사라는 직함으로 주 1회 혹은 주 2회 근무하는 형태이다. 초보 상담사를 전일제로 고용하는 기관은 극히 드물다. 따라서 경력이 쌓일 때까지 다양한 기관에서 인턴이나 위촉상담사 혹은 객원상담사라는 직함을 가지고 일한다.

이러한 위촉상담사도 두 종류가 있다. 하나는 정해진 요일에 출근하여 하루종일 근무하면서 상담을 진행하는 경우다. 이런 경우는 상근직으로 일하는 분들과 하루 일과가 비슷하다. 규칙적으로 그 요일에 출근하기 때문에 기존 직원들과도 친숙하고 식사도 함께한다. 상담실이 고정되어 있고 상담일지나 검사지 등이 상담실 안에 비치되어 있어 좀 더 편리하게 상담을 진행할 수 있다.

대부분의 상담은 예약제로 이루어지지만, 간혹 예약 없이 갑자기 방문하는 분들도 있어 이런 경우에는 전일제 위촉상담사가 상담을 맡는다. 기관의 상근직과 협의하여 상담을 진행할지 말지를 결정한다. 전일제 위촉상담사의 경우 출근하는 날이 정해져 있어 한정된 요일에 상담을 몰아서 한다. 그래서 상근직 상담사보다는 하루에 담당하는 상담 케이스가 많다. 행정적인 일보다는 상담 본연의 업무가 주된 일이기 때문에 상담일지 작성 외에는 별다른 행정 업무가 없다. 위촉 상담의 다른 형태는 전일제 상담이 아닌 파트타임의 형태이다. 사전에 상담을 신청한 사람들과 약속된 시간에 만나서 상담을 하고, 맡은 상담을 끝내면 퇴근을 한다. 보통 두세개의 상담을 진행한다.

개인이 운영하는 상담실은 업무시간이 좀 더 탄력적으로 운영되곤 한다. 상담이 많을 때도 있고 예약된 내담자들이 없는 날도 있으니 말이다. 개인상담실을 운영하는 상담사들은 대부분 상담전문가로서의 경력이 오래되었고 지역사회의 여러 기관에서 다양한 강의나 프로그램들을 진행하는 경우가 많다. 그래서 외부에서 강의 등의 활동을 하는 날과 상담실에서 상담을 진행하는 날을 구분하여 상담실을 운영한다. 개인상담실을 운영하는 상담사의 일과도 전일제로 일하는 상담사들과 유사하다. 다만 직장인들을 위한 야간상담이 있기도 해서 상담실의 불이 조금 늦게 꺼질 때도 있다.

Q3
내담자들은
어떻게 상담실을 찾아오나요?

내담자들이 상담실에 찾아오는 경로는 크게 3가지로 볼 수 있다. 첫 번째는 사회복지 영역에서 제공하는 서비스를 받으면서 상담실에 오게 되는 경우이다. 우리나라는 여러 가지 정책의 활용으로 개인이나 가정에 대한 복지서비스를 제공하고 있는데, 그 가운데에 '심리지원'이라는 항목의 상담서비스가 포함되어 있다. 각 구 단위나 시 단위에 있는 가족센터나 청소년 상담지원센터, 정신건강복지센터 등에서는 사회복지영역에서 보호해야 할 대상자를 발굴하여 필요한 서비스를 제공하면서 개인상담이나 가족상담 혹은 집단상담을 제공하고 있다. 행정실무자가 상담서비스를 이용하도록 권유하기도 하고, 서비스대상자 본인이 스스로 상담을 요청하기도 한다.

두 번째는 학교나 기업에서 무료로 제공하는 상담서비스를 이용하는 경우이다. 초·중·고등학교의 경우 학교마다 'Wee 클래스'라고 하는 상담실이 설치되어 있다. 학생들에게는 친숙한 공간이다. 이곳에는 전문상담교사 혹은 학교 사회복지사 선생님이 배치되는데, 각 학급의 담임선생님들이 상담이 필요한 학생을 파악해서 Wee 클래스에 의뢰하기도 하고 학생들이 자발적으로 상담을 신청하기도 한다. 초·중·고등학교에서는 매년 정신건강 간이검사를 통해 우울감이나 자살 충동 등의 정신건강 위험도를 파악하여 집단상담을 받도록 하고 있다. 이런 경우로 상담을 하는 학생들은 자발성이 낮긴 하지만 회기를 거듭하면서 적극적으로 상담실을 찾게 되는 경우가 많다. 여러 가지를 고려해볼 때 초·중·고등학교 Wee 클래스의 내담자들은 선생님들의 권유로 상담을 받는 경우가 훨씬 많다고 볼 수 있다.

대학생의 경우는 대학 내에 설치된 대학상담센터에 상담을 신청하여 개인상담이나 집단상담을 받게 된다. 학교 홈페이지나 캠퍼스에 설치된 홍보물을 보고 상담을 신청하는데, 거의 자발적으로 신청하여 상담을 받는 것이 특징이다. 친구들과 함께 심리검사를 받으러 오기도 한다. 직장인도 'EAP'라고 불리는 근로자복지 프로그램을 이용하여 무료로 상담을 신청한다. 종사자 500명 이상인 기업체의 경우는 회사 내에 상담실을 운영하는 곳들이 많다. 사내에 있는 연락망이나 유선 등으로 상담을 신청한다. 500명 미만의 사업장인 경우는 EAP 외부 협약기관 또는 상담센터에 신청하여 상담을 받을 수 있다. '근로복지넷'에 가입해서 온라인 혹은 오프라인으로 신청을 한다.

세 번째는 상담이 필요한 내담자 본인이 지역사회에 있는 상담센터에 유선으로 상담을 신청하고 스스로 찾아오는 경우이다. 인터넷을 통해서 정보를 검색하거나 직장과 집을 오고 가면서 직장 주변이나 거주지 주변의 상담실을 알아본다. 상담경험이 있는 지인의 소개로 신청하는 케이스도 있다. 학생 내담자의 경우는 대부분 자녀에게 상담이 필요하다고 생각하는 부모님이 먼저 신청을 하고 초기상담 때 함께 상담실에 온다. 개인이 운영하는 상담실은 유료로 운영이 되기 때문에 무료 상담기관보다는 내담자가 적다. 비용의 부담감이 있기 때문이다. 따라서 상담 대기 시간이 길지 않고 원하는 시간에 상담예약을 잡기가 비교적 수월하다. 그래서 상담의 필요를 시급하게 느끼는 내담자들의 신청이 많다.

하루에 얼마나
많은 상담을 하나요?

상담을 예약한 내담자가 몇명인지는 상담기관마다 다르므로 일률적으로 말하기는 어렵다. 하지만 상담의 특성상 한 내담자에게 소요하는 시간이 한 시간 정도이고, 다음 내담자를 상담하기 위해 소요되는 시간 역시 필요하므로 무한정 많은 내담자를 상담할 수는 없다.

상담이 많은 기관이나 센터의 경우 오전에 두 케이스를 상담하고 점심시간을 가진 뒤 오후에는 세 케이스 정도를 담당한다. 예를 들어 오후 첫 타임은 1시 30분부터 2시 30분까지, 두 번째 타임은 3시부터 4시까지, 세 번째 타임은 4시 30분부터 5시 30분까지 진행하는 것이다.

아무리 많더라도 한 명의 심리상담사가 여섯 케이스를 넘게 상담하기는 힘들다. 상담사는 상담시간 내내 전심으로 내담자의 이야기에 집중하고 비언어적인 표현을 파악한다. 동시에 본인이 주로 사용하는 상담기법을 활용하여 내담자의 상황을 객관적으로 인식하려고 노력하기 때문이다. 심리검사의 결과를 바탕으로 종합적인 판단을 내려야

할 때도 많다. 겉으로는 평온하지만, 상담사의 감정과 이성은 매우 복잡하게 기능하고 있다. 정신적으로 에너지 소모가 많다고 볼 수 있다.

개인상담실의 심리상담사, 기관에 객원상담사로 고용된 파트타임 상담사, 기관에 속한 전일제 상담사는 기관에 출근하여 적게는 두 개, 많게는 다섯 케이스의 상담을 진행하게 된다. 간혹 하루에 여섯 케이스의 상담을 하게 되는 경우 그 피로도는 상당하다. 기관에 속한 전일제 상담사의 경우라 하더라도 상담 업무만 하루 종일 담당하는 것이 아니다. 어떤 날은 오히려 행정 업무의 양이 더 많을 때도 있다.

Q5
심리상담 분야는
어떻게 나뉘어 있나요?

심리상담이 필요한 분야는 매우 많다. 상담사들은 여러 분야에 걸쳐 다양한 경험과 전문성을 쌓아 내담자에게 가장 적합한 지원을 제공하려고 노력한다. 내담자의 환경과 호소하는 문제에 따라서 다양한 주제와 상황에 대한 상담이 이루어진다. 주요한 심리상담 분야는 다음과 같다.

일반 개인상담

다양한 일상적인 문제와 스트레스에 대한 상담을 포함한다. 인간관계, 업무 스트레스, 삶의 변화, 자기 개발 및 자기효능감 강화 등이 해당한다. 개인의 자아 인식을 높이고 자신이 가진 자원을 파악해서 호소하는 문제가 해결되도록 돕는다.

정서적 문제 및 정신건강 상담

개인의 어려움에 조금 더 초점을 맞추어서 우울증, 불안, 스트레스 관리, 분노 관리, 자해 예방 등과 같은 정신건강 문제를 상담한다. 이런 경우에는 병·의원이나 정신건강 복지센터와의 연계가 필요할 때도 있다.

가족 및 부부상담

가족 간 갈등, 소통 문제, 부부간의 어려움 등 가족 시스템과 관련된 문제를 다룬다. 초기상담부터 구성원 모두가 참여하는 가족상담이나 부부상담은 가족센터나 청소년 상담센터 등 정부에서 운영하는 무료상담기관에서 참여자를 모집하여 진행한다. 개인상담실의 경우는 가족상담보다 부부상담의 비율이 높다. 법원에서 진행하는 부부상담의 경우 이혼 과정 중에 상담이 진행되기 때문에 개인상담 회기를 갖고 부부상담을 진행하기도 한다.

아동 및 청소년상담

아동이나 청소년들의 발달 문제, 학교생활에서 발생하는 문제, 진로나 비행 등의 문제를 다룬다. 아동·청소년 상담의 특징은 아동·청소년의 주변 환경이나 인적자원에 대한 개입이 필요하다는 것이다. 언어를 통한 상담 외에 다양한 활동이 동반될 수 있다.

연인 및 배우자 관계상담

연애, 결혼, 이혼과 같은 연인과의 관계에 대한 상담도 있다. 일반적으로 관계에 대한 상담이 이루어지지만, 데이트 폭력이나 배우자 간 가정폭력, 외도, 이혼과 같이 좀 더 전문적인 영역의 상담으로 확장되는 케이스도 있다. 스토킹이나 폭력, 가스라이팅과 같은 부분은 이를 더 중점적으로 다루는 성폭력 상담소나 가정폭력 상담소 등에서 상담이 이루어지기도 한다.

직업 및 진로상담
직업 선택, 진로 계획, 직장 내 갈등 및 스트레스 등 직업과 관련된 다양한 주제에 대한 상담이 이루어진다.

중독 상담
알코올, 약물, 도박 등의 중독 문제에 대한 상담이 이루어진다. 이는 주로 국가에서 운영하는 중독센터에서 실시하고 있다.

폭력 및 트라우마 상담
학대, 성폭력, 가정폭력, 정신적 상처, PTSD 외상후스트레스장애나 트라우마와 관련된 상담이 이루어지고 종종 정신과와의 연계도 병행된다.

문화적 다양성 및 이주 상담
다양한 문화적 배경에서 오는 문제, 이주자들의 적응 문제 등에 대한 상담이 이루어진다.

상담 분야는 위에서 언급한 것 이외에도 많다. 사회의 변화에 따라 특화된 분야들이 등장하며 그 장르가 꾸준히 다양화되고 있다. 예를 들면 다문화, 고령화 사회가 되면서 이전에는 별로 주목받지 못했던 다문화 상담이나 노인 상

담 등이 대두되기도 하고, 4차 산업혁명과 함께 온라인이
나 AI 등을 활용한 상담영역도 개발되고 있다.

2

심리상담사의
자질

인터넷을 검색할 때 사용하는 포털 사이트의 메인 화면구
성이 수시로 바뀌고 있다. 세상이 하루하루 변화한다는 게
실감이 난다. 블로그를 찾아보면서 정보를 얻었던 게 얼마
전이었는데, 이제는 동영상 플랫폼에서 검색하는 것이 훨
씬 더 정보가 많다. 그 영상조차도 점점 길이가 짧아지더
니 찰나의 순간을 담은 3초 남짓의 짧은 영상이 수없이 쏟
아져 나오고 있다. 어떤 변화가 생길지 가늠하기 어려운
요즘, 심리상담사라는 직업에 사람들이 더 많은 관심을 가
지는 것 같다. 방송 프로그램의 영향도 있고 실제로 상담
받을 기회가 늘어나고 있기 때문이기도 하다. 혹은 로봇이
대체하기 어려운 심리적인 공감과 상호작용이 필요한 직
업이어서 그럴 수도 있겠다.

심리상담사는 다른 사람들의 삶에 영향을 미치는 직업이
다. 내면의 상처를 다루고 가족 간의 관계를 점검하며 내
담자를 둘러싼 다양한 세상을 함께 탐구한다. 상담사의 편
의대로 내담자를 이끌어서도 안 되고 그렇다고 내담자의
감정에 휘둘려도 안 된다. 인간에 대한 관심을 충분히 가

지면서도 내담자와 개인적인 관계를 맺는 것은 지양해야 한다. 따뜻하게 공감하면서도 차가운 이성을 가져야 하고, 내담자와 거짓 없이 상호작용을 하면서도 경계를 확실하게 지켜야 하는 게 심리상담사의 일이다. 오랜 기간 상담을 하다 보면 개인적인 친분을 맺고 싶을 때도 있고 매주 찾아오는 내담자와의 경계가 모호해지는 순간이 있기도 하다. 그래서 상담사는 높은 직업윤리를 가져야 하는 것이 원칙이다. 내담자의 건강한 회복과 심리상담사의 전문성을 지키기 위해서는 이중관계 금지 등의 윤리강령이 요구된다.

부모나 타인에게 받은 상처가 큰 사람들이나 비슷한 상처를 지닌 사람들이 상담사가 되려고 하는 경우가 종종 있다. 물론 이들도 상담사가 되는 것이 가능하다. 하지만 상담사가 되기 위해서는 자신의 상처를 회복하는 것이 먼저이다. 상담사는 자기 자신이 거울이 되어 내담자를 잘 비추어야 하는데, 내면의 상처가 아물지 않으면 내담자를 제대로 비출 수 없다. 사람에 대한 기본적인 신뢰감은 하루 아침에 형성되는 것이 아니다. 그러므로 심리상담사가 되려는 사람은 우선 자신의 가족관계부터 점검해야 한다. 완벽한 가정이 과연 어디에 있을까. 모든 사람은 나름대로 상처와 원망이 있다. 그러나 스스로 불행한 환경에서 자랐다고 생각한다면 정직하게 자신의 상처와 원망을 직면하는 시간을 가져야 한다. 충분한 용서와 수용의 과정을 거치지 않는다면 그 사람은 내담자를 정직하게 상담하기 어렵다.

사고로 남편을 잃고 낙망하던 아내를 상담한 적이 있다. 내담자는 2년간 상담을 받으며 자신을 충분히 추스르고 남편과의 시간을 애도했다. 쉽지 않은 시간이었지만 아내는 잘 이겨냈고 무너진 마음을 조금씩 회복했다. 남편과의 관계가 건강했었고 부모님의 따뜻한 격려가 있었던 덕분이다. 이 내담자는 심리상담사라는 직업에 매력을 느꼈다. 상담사가 되는 다양한 방법이 있었지만, 나는 내담자에게 대학원 진학을 조언했다. 내담자는 대학원에 다니면서 다양한 상담이론을 체계적으로 공부했다. 수업이 없는 날에는 지역사회에서 자원봉사로 청소년들을 상담했다. 몇 년 뒤에는 원하는 자격증까지 취득하며 청소년 센터에서 심리상담사로 일하게 되었다. 활기찬 모습으로 다시 상담실을 찾아주었을 때 얼마나 기뻤는지 모른다.

심리상담사로 좋은 평가를 받으며 만족스럽게 일을 하는 주변 동료들의 면면을 떠올려 보았다. 단순히 남의 이야기를 잘 듣는다고 해서 좋은 상담사가 되는 건 아니다. 좋은 상담사는 자기 자신을 잘 점검하는 사람, 가족 간의 관계를 용기 있게 직면하고 건강하게 회복하는 사람, 경계를 잘 지키는 사람, 사람에 대한 기본적인 신뢰감을 가진 사람이다. 이런 사람들이 끊임없이 자신의 내면을 마주하기 위해 노력한다면 더할 나위 없이 좋은 상담사로 성장할 수 있을 것이다.

Q1
상담사가 반드시 갖추어야 할
자질이 있을까요?

우리 사회에는 많은 직업이 있다. 한국고용정보원에서는 2020년 『한국직업사전 통합본』을 발간했는데 그 보고서에 따르면 우리나라의 직업 종류는 16,891개라고 한다. 수많은 직업 중에 어떻게 그 직업을 택하게 되었는지 물어본다면 정말 다양한 대답이 나올 것이다. 본인이 흥미를 느끼면서 그 직업을 택하기도 하고, 주변의 권유 혹은 대학 전공 때문에 자연스럽게 그 직업을 갖기도 한다. 하지만 어떤 경우라도 본인의 의지로 결정하는 순간이 있었을 것이다. 상담사는 반드시 '내가 왜 상담사라는 직업을 선택하려는지' 스스로 점검해야 한다. 다른 사람의 삶에 많은 영향을 미치는 직업이기 때문이다.

심리적으로 어려움을 겪는 내담자를 만나고 그들의 삶에 일련의 변화를 일으키는 것이 상담사의 일이다. 큰 책임감이 따르기 때문에 단순히 다른 사람의 이야기를 듣는 것이 좋고, 그들을 도와주는 게 보람 있다는 이유만으로 상담사를 직업으로 택할 수는 없다. 상담사에게 필요한 자질은 올바른 자기 인식, 진실성, 윤리의식과 책임감, 유연성과 포용력, 분석력과 사고력, 인내심, 의사소통능력 등을 들 수 있다. 그중 상담사에게 가장 필요한 자질은 올바른 자기 인식이라고 할 수 있다. 상담사는 본인이 상담의 도구가 되기 때문에 자신의 가치, 믿음, 감정 등에 대해 건강하게 인식해야 한다. 자신이 가진 편견이나 고정관념도 올바르게 인식해야 한다. 이런 상담사는 지속적인 노력으로 자기를 개발할 수 있다.

진실성 또한 상담사에게 필요한 자질이다. 내담자들은 진실한 상담사에게 더 잘 반응하게 된다. 신뢰감과 연결되기 때문이다. 내담자와의 만남은 긴 시간 동안 이루어지기 때문에 가식적인 태도는 얼마 지나지 않아 드러나게 된다. 가식적인 상담사에게 내담자가 자신의 마음을 솔직하게 이야기하기는 어렵다. 윤리적 기준으로서의 진실성도 반드시 갖추어야 한다. 상담사는 전문가로서 내담자의 이야기를 비밀로 유지하는 것이 의무이다. 내담자가 꺼내는 이야기는 결코 호기심의 대상이 되면 안 된다. 그 기준을 지키면서 내담자를 도와야 하므로 높은 수준의 도덕성과 책임감이 필요하다. 내담자와 상담사의 관계 외에 다른 이중관계를 맺을 수 없다는 것도 강력한 윤리지침 중 하나이다. 내담자가 가진 다양한 직업이나 상담 중에 얻은 정보를 이용하여 이익을 취하는 등 내담자를 이용해서도 안 된다. 내담자와의 만남은 사적인 대화와는 다르다. 이 부분을 반드시 기억하라는 조언은 여러 번 강조해도 지나치지 않다.

유연성과 포용력도 중요한 자질이다. 내담자들은 다양한 문제를 가지고 상담실의 문을 두드린다. 때로는 상담사가 전혀 생각하지도 못한 문제를 이야기할 수도 있다. 부모 자녀 간의 문제라고 하더라도 개개인이 가지고 있는 이야기의 내용은 각각 다르고 독특하다. 따라서 상담사가 유연성과 포용력을 갖고 이해할 때 내담자는 마음을 열게 된다. 동시에 상담사는 내담자의 문제 해결을 위한 분석적인 사고력을 가져야 한다. 내담자의 상황이나 문제를 객관적으로 인식하고 문제의 본질을 파악하여 효과적인 해결책을 찾기 위해서이다. 상담사는 내담자의 문제에 함몰되지 않도록 내담자의 문제와 상담사 자신을 분리하는 데에도 분석적인 사고는 요구된다.

인내심도 필요하다. 대부분의 상담은 효과가 나타나기까지 꽤 오랜 시간이 걸린다. 심리적인 문제는 극복되는 듯하다가도 다시 익숙한 패턴으로 돌아가는 경우가 빈번하기 때문이다. 내담자들이 자기 자신 혹은 자신이 겪는 어려움을 정확하게 인식하기 전까지는 모호하게 자신의 마음과 생각을 표현한다. 이런 모호함에 대한 인내심과 이해는 상담을 이끌어 가는데 필수적이라고 볼 수 있다. 상담사들이 소진되는 이유 중 하나가 이런 부분이다. 기대했던 상담 효과가 더디게 나타날뿐더러, 상담이 진전되지 못하고 제자리에서 맴도는 것 같다는 생각이 드는 것이다. 그러나 인내심을 가지고 상담을 진행하다 보면 인식의 순간은 찾아오고 내담자의 변화가 시작된다. 그 변화가 눈에 보이지 않을 수 있다. 그러나 내담자와 상담사가 상담 회기 동안 만들어 낸 변화의 씨앗이 내담자의 삶에서 뿌리내리는 순간이 있을 것이라는 믿음이 필요하다.

마지막으로 상담사에게는 의사소통기술이 요구된다. 같은 뜻이라도 '아' 다르고 '어' 다르다는 말이 있듯이 사용하는 어휘나 음성의 톤, 말하는 속도는 내담자에게 영향을 준다. 표정이나 몸짓도 마찬가지이다. 효과적인 언어적, 비언어적 의사소통은 공감과 이해뿐 아니라 상담사의 의도를 정확히 전달하기 위해 매우 중요하다. 상담사는 생각이나 의견 그리고 질문을 명확하고 전문적으로 표현할 수 있어야 한다. 대화가 잘 통한다고 느껴지는 상담사를 만나면 한창 사춘기의 학생들도 이런저런 이야기를 솔직하게 털어놓게 된다.

Q2
상담사와 잘 맞는
기질이나 성격도 있나요?

특정한 성격유형이 있는 것은 아니다. 모든 상담사가 같은 성격을 가지고 있는 것 또한 아니며 상담사가 되기 위한 일률적인 성격의 틀이 있다고도 말할 수 없다. 그러나 유능한 상담사에게서 발견되는 공통된 특성은 있다. 그러니 이러한 특성이 심리상담사로서 역할을 하는 데 도움이 된다는 것은 분명하다.

우선 유능한 상담사들은 타인에 대해 느긋하고 수용적인 태도를 가지고 있다. 조바심내지 않고 내담자의 속도에 맞춰서 기다려 준다. 한두 번 느긋하기는 어렵지 않다. 하지만 10회기 혹은 20회기 내내 평정심을 유지하면서 수용적인 것은 쉬운 일이 아니다. 따라서 이런 성격적 특성은 상담사로서의 좋은 자질이라고 할 수 있다.

개방적인 사고방식도 상담사로 일하기에 적합하다. 타인의 경험과 감정을 존중하는 말과 태도는 상담에 도움이 된다. 상담사가 가진 이런 태도는 내담자가 금방 느끼게 되기 마련이다. 나를 비판하지 않고 존중해 준다는 걸 알게 되면 내담자는 안심한다. 그리고 자신을 존중해 주는 사람에게 믿음과 신뢰를 갖게 되는데 이는 상담의 효과와도 연결이 된다. 다양성이 더욱 확장되는 현대사회에서 다각화되는 현상이나 그것이 가진 배경에 개방적인 상담사라면 내담자를 대할 때 훨씬 수월하게 다가갈 수 있다.

공감 능력도 빼놓을 수 없다. 다양한 배경과 상황에서 자라 온 사람들과 연결되려면 공감 능력이 필수이다. 물론 교육이나 훈련을 통해 공감을 배울 수 있지만, 타고난 공감 능력은 그와 비교되지 않는 큰 재능이라고 생각한다. 진실한 공감은 언어적 표현뿐 아니라 표정이나 눈빛, 태도 등의 비언어적 표현을 통해서도 드러난다. 수십 마디의 말보다 진실한 공감의 말 하나가 더 큰 힘이 있다는 걸 많은 상담현장에서 확인할 수 있다.

Q3
나이나 성별 등에
제한이 있나요?

상담사가 되는데 나이나 성별의 제한은 없다. 취업 등에서 제한을 받는 경우도 거의 없다. 국가기관이나 기업체, 지자체에서 위탁받아 운영하는 기관의 경우 통상적으로 적용되는 정년의 나잇대가 아니라면 채용의 기회는 열려 있다. 상담사로 일하게 되는 시작 연령대는 20대 중후반이다. 석사를 마치고 관련 자격증을 취득하는 것이 일반적이라고 보면 여성의 경우는 26세 이후, 남성의 경우는 군대 복무기간이 있으니 대략 30세부터이다. 석사과정부터는 수련의 일환으로 다양한 상담영역에서 인턴십이나 자원봉사를 경험하게 된다. 이 예시는 고등학교 졸업 후 바로 심리학이나 상담관련학과에 진학하여 상담사로 일하는 경우이고, 실제로 상담영역에서는 만학도의 비율이 매우 높다.

40대 후반의 나이로 퇴직을 하고 상담대학원에 진학, 석사학위를 취득하여 상담사로 일하게 된 분의 예를 들어보자. 이분의 아내는 심리상담사였고 개인상담실을 운영하고 있었다. 남편이 직장을 그만두게 되자 상담영역으로 진로변경을 권유했고 상담대학원에 진학하고 관련 자격증을 취득하면서 몇 년 뒤에는 심리상담사로 같이 일할 수 있게 되었다. 상담사였던 아내를 따라 인생 후반부에 새로운 직업을 가진 셈이다.

개인 사업을 하면서 상담관련 기관에서 오랫동안 자원봉사를 하던 분이 70세가 넘어서 상담 관련 분야 석사를 취득해 센터에서 위촉상담원으로 일하게 된 사례도 본 적이 있다. 적지 않은 나이임에도 왕성하게 활동하는 모습이 매우 인상 깊었다. 최근, 학령인구가 줄면서 각 대학에서는 사회복지학과나 상담관련학과에 성인 학습자를 많이 유치하고 있다. 60세가 넘더라도 본인이 상담사로서 충분히 역량과 실력을 갖추고 있다면 다양한 기관에서 위촉을 받아서 상담할 수 있다. 개인상담실은 언제든 시작할 수 있으니 나이에 특별히 구애받지 않는 직업이라고 볼 수 있다.

과거의 심리상담 분야는 여성 비율이 압도적으로 높았다. 학회나 세미나를 가면 참가자의 대다수가 여성이었다. 내담자의 비율도 여성이 높았고 사회복지영역에서 상담의 수혜자도 여성이 많았다. 그런데 최근 들어서는 이러한 영역이 깨지고 있다. 심리를 전공하는 대학에서부터 성별 비율이 달라지는 것이다. 한 대학 심리학과의 성별 비율을 살펴보면 2017년 여성:남성이 9:1이었다가 2020년 8:2로 점차 남성의 비율이 늘었다. 그 후 2024년에는 6:4로 변화되었다. 상담학과의 경우에는 여전히 여성의 비율이 높은 편이지만, 10여 년 전과 비교하면 남성의 비율이 분명히 높아진 것을 피부로 느낄 수 있다.

대중매체나 심리학 관련 도서 등을 보더라도 심리학에 대한 사회 전반의 인식이 변화된 것을 확인하게 된다. 과거에는 심리나 상담이 특정한 소수를 위한 영역이었고, 소수의 내담자를 다루는 상담사는 계약직이나 비정규직, 파트타임 등 고용 안정성이 약한 직업군이었다. 그러나 정신건강에 대해 일반인들의 관심이 늘어나면서 상담은 누구나 이용할 수 있다는 사회적 인식의 변화가 생겼다. 또한 사건이나 재해, 코로나와 같은 위기를 겪으면서 국가에서는 '전 국민 심리 건강'이라는 말을 종종 화두에 올린다. 그로 인해 상담사라는 직업영역에도 안정적으로 일할 수 있는 다양한 일자리가 창출되었고 정규직을 선호하는 사람들도 심리상담사라는 직업에 관심을 가지게 되었다.

남성도 기업의 상담실이나 군 상담, 교정기관에서의 상담, 청소년 기관, 여성가족부 산하 가족센터, 대학 학생 상담센터 등에서 다양하게 일 할 수 있다. 이전에는 따뜻한 마음과 온화한 미소를 가진 여자 선생님만을 상담사로 떠올렸다면 이제는 공감과 수용 능력을 갖춘 남자 선생님들도 자연스럽게 상담의 한 영역을 차지하게 될 것이다.

Q4
내담자의 이야기가 이해되지 않거나 어려운 경우에는 어떻게 하나요?

상담사들이 쓰는 용어 중에 '준비된 내담자'라는 말이 있다. 유료상담이건 무료이건 상관없이 본인에게 상담이 필요하다는 생각이 들 때 머뭇거리지 않고 바로 신청해서 상담을 받는 분들을 말한다. 이렇게 자발성이 높은 내담자들은 문제를 개선하고자 하는 욕구가 크기 때문에 상담에 적극적으로 참여한다. 자기인식의 수준도 높고 솔직하게 자신을 드러내며 상담사의 질문을 통해 자신의 문제를 제대로 인식한다. 상담의 진행이 매우 수월하면서 상담의 효과도 빨리 나타나는 내담자가 상담현장에서는 '준비된 내담자'인 것이다.

그러나 대부분의 상담은 수월하게 이루어지지 않는다. 감정의 소용돌이 가운데 상담을 시작하시는 분들이 많다. 내담자는 다양한 감정의 변화 속에서 제대로 판단할 수 없는 여러 가지 일을 한꺼번에 끌어안고 상담실에 오기 때문이다. 그래서 상담의 초반부에는 모호하고도 감정적인 이야기가 많이 오간다. 내담자가 원하는 것이 무엇인지 알아차리기 힘들 만큼 장황한 설명이 계속될 때도 있다. 물론 상담사도 그런 상황에서는 답답함을 느낀다. 그러나 내담자의 혼란스러운 상황을 이해하고 수용하는 게 상담사의 역할이다.

이런 경우에는 내담자에게 일부러 짧은 질문들을 던진다. 명확하게 문제가 드러날 때까지 때로는 같은 질문을 반복해가면서 함께 이야기를 나눈다. 계속 질문하고 내담자의 답변을 미러링 하다 보면 내담자의 이야기는 점점 구체화되고 명확해지는 것을 알 수 있다. 이해가 안 되는 것이 있다면 여러 번 다시 묻고 내담자의 이야기 속에 있는 요지를 확인한다. 침묵도 대답이 되고 한숨에도 여러 가지 의미가 들어있다는 것을 많은 내담자를 통해 알게 되었다. 내담자가 긴 침묵을 깨고 자신의 이야기를 풀어갈 때 상담사는 서두르지 않고 내담자의 보폭에 맞춘다. 이야기의 주인공은 당연히 내담자이니 말이다.

자신의 마음과 정신건강은
어떻게 관리하시나요?

상담사에게도 예기치 못한 개인적인 어려움이나 곤란한 상황들이 생긴다. 관계 때문에 힘들 때도 있고 스트레스 때문에 무기력과 우울감을 느끼기도 한다. 상담이 필요하다는 생각이 들 때도 있다. 이럴 때는 우선 자신을 돌보는 시간을 갖는다. 휴일에 푹 잠을 자기도 하고, 좋아하는 음악을 듣거나 영화를 보면서 머릿속을 비운다. 심호흡하며 자연 속에서 시간을 보내는 경우도 종종 있다. 햇볕을 쬐면서 주변을 산책하거나 숲길을 걷거나 혹은 그냥 아무 생각 없이 책 한 권을 들고 나가 카페에 앉아있을 때도 있다. 복잡한 상황을 덜어내고 긍정적인 마음을 가지기 위해 내담자들에게 권하는 방법을 스스로 적용해 보는 것이다.

셀프로 치유하는 방법을 알고 있다는 건 상담사가 가진 큰 장점이다. 관련된 책을 읽으면서 복잡한 정신을 다잡고 평정심을 유지하려고 한다. 상담사들은 본인이 치료의 도구가 되기 때문에 자신의 정서를 건강하게 관리하는 게 중요하다. 그러나 모든 상황이 아무렇지도 않게 다루어지는 건 아니다. 답은 알고 있지만, 감정이나 생각이 정리되지 않을 때도 많다. 해결되지 않는 인간관계 때문에 낑낑대기도 한다. 고민이 점점 깊어지고 상황이 더욱 나빠져 혼자서 해결이 안 된다면 동료 상담사와 깊이 있는 이야기를 나누면서 지지와 격려를 받기도 한다. 이러한 여러 가지 노력에도 불구하고 개선이 되지 않을 만큼 힘든 일이 있을 때는 슈퍼바이저 상담사에게 장기간 상담을 받기도 하고, 정신건강의학과에 가서 약물을 병행한 도움을 받을 수도 있다.

상담사는 자신의 건강하지 못한 심리상태가 상담에 영향을 미칠 수 있다는 것을 항상 인식하면서, 본인의 감정과 상담현장을 분리하려고 노력한다. 만약 상담에 영향을 줄 만큼 자신의 상황이 곤란하다면 내담자에게 양해를 구하고 잠시 상담을 중지할 수도 있다. 자신의 상황에 정직해야 하는 것도 상담사로서의 자기관리이다.

심리상담사의
공간

"네, ○○센터입니다. 어떤 일로 도움받기를 원하시나요?"
"아휴… 제가 자녀 때문에 너무 고민이 많습니다…"

상담사로 일을 시작했던 센터에서 전화 상담 업무를 맡으면서 내담자와 처음으로 나눈 대화이다. 전화가 오기를 바랐는지 안 오기를 바랐는지 사실 기억이 가물가물하다. 일주일에 두 번을 출근하여 전화 상담을 했다. 1회기의 전화 상담만으로는 문제 해결이 좀처럼 되지 않기 때문에 직접 방문하여 대면 상담을 하도록 내담자들을 권유하기도 했다. 여성가족부의 예산으로 운영되는 기관이어서 이용자들의 비용부담이 없기 때문에 전화 상담으로 마음을 연 내담자들이 대면 상담으로 자연스럽게 전환될 수 있는 곳이었다.

출근 첫날 센터에 도착해 보니 내가 머릿속에 그렸던 상담실과는 분위기가 사뭇 달랐다. 회사의 사무실처럼 열 명이 넘는 직원들이 각자의 책상에 앉아서 컴퓨터로 분주하게 업무를 보고 있었다. 걸려 오는 전화도 많았고 아예 두 명의 직원은 특정 사업의 인력 풀을 관리하느라 종일 전화로 업무를 담당하고 있었다. 서류와 각종 출력물이 책상 가득히 쌓여 있는 상담팀장에게 다가가서 오늘부터 전화 상담을 하게 되었다고 이야기하니 팀장은 자리에서 일어나 반겨주었다. 센터가 비좁아서 업무 자리가 마땅치 않다고 무안해하면서도 그중 제일 조용하고 정돈된 책상으로 안내해 주었다. 상담팀장은 간략하게 작성해야 하는 전화 상담 일지 양식과 센터에서 상담할 수 있는 영역을 소개해 주고 난 뒤에 곁을 떠났다.

자리에 앉아서 전화기를 앞에 놓고는 상담일지와 빈 종이 그리고 볼펜만 만지작거리며 두어 시간을 꼼짝없이 앉아 있었다. 제대로 응대할 수 있을까? 내담자의 힘든 점을 잘 공감할 수 있을까? 상담하다가 갑자기 내담자가 화를 내거나 울면 어떻게 해야 하지? 여러 가지 생각이 들던 그때 드디어 전화벨이 울렸다. 아이 문제로 전화를 걸었다는 내담자와 30여 분간의 통화를 마치고 난 뒤에 자연스레 대면 상담 일자가 정해졌고 그 내담자는 그 후 일주일에 한 번씩 센터에 위촉된 객원상담사와 상담을 하게 되었다. 4시간 동안 고작 한 건의 상담을 했다는 아쉬움보다는 전화 상담을 했던 내담자를 대면 상담으로 연계했다는 뿌듯함이 컸다. 그리고 그분의 목소리가 한결 밝아진 것에 대한 안도감을 느끼면서 상담일지를 정리했다.

심리상담사로서 데뷔했던 가족센터의 첫날을 뒤돌아보면 참 어설프고 부끄럽다. 전화기 너머로 들리는 내담자의 목소리에 안심하기와 불안하기를 반복하다가 사실 제대로 된 공감을 하지도 못했다. 분주하게 움직이는 직원들 틈에서 집중력을 발휘해 내담자의 목소리에 귀를 기울이느라 애를 썼다. 상담일지를 직접 작성했지만, 정작 연락처를 받는 걸 깜빡 잊었다. 그 사실은 팀장에게 내담자 정보를 전달하면서야 알게 되었다. 내담자가 그다음 주 약속된 대면상담 시간에 나타날 때까지 얼마나 조마조마했던지, 누구에게나 처음이 그렇듯이 상담사로서의 떨리고도 어설픈 나의 처음은 그렇게 마무리되었다.

Q1
병원에서 하는 상담과 클리닉,
상담실은 각각 어떻게 다른가요?

병원에서 하는 상담은 정신과 의사의 주도하에 이루어지는 의료행위이다. 종합병원과 지역 내 정신건강의학과에서 진료를 받을 수 있고, 상담받는 사람을 '내담자'가 아닌 '환자'라고 표현한다. 대부분의 정신건강의학과 병·의원은 예약이 필수이다. 예약된 날짜에 방문하여 간단히 초진상담을 받고 나면 의사는 환자의 증상과 병력, 가족력을 종합적으로 평가하고 적절한 심리검사를 진행한다. 의사의 진단이 내려지면 의사는 환자에게 맞는 치료계획을 수립하게 되는데 치료에는 약물치료가 대부분 병행된다. 약물치료를 수반하여 심리치료와 행동치료 등을 진행하게 된다.

병원에서 실시하는 의사와의 상담시간은 조금 짧은 편이다. 보통 15분 정도 의사와 상담이 진행된다. 정신과에서의 상담은 일반 상담실과는 달리 약물치료가 필요한 병리적 증상을 많이 다룬다는 것이 특징이라고 할 수 있다. 물론 병원에서도 의사 외의 다른 전문가와 협업을 진행하기도 한다. 전체적인 진단과 진료계획을 의사가 수립하면 임상심리사가 심리검사와 그에 따른 상담을 진행하기도 하고, 심리상담사가 추가적인 상담을 진행하기도 한다. 보통 아동이 병원에서 상담을 받는 경우 가족 관계나 부모교육 상담이 필요한 경우가 많은데 심리상담사는 이러한 부분에서 추가적인 상담을 담당할 수 있다.

클리닉이라고 이름 붙이는 곳은 의료법상 의료서비스를 제공하는 소규모의 의료기관이나, 전문화되고 특화된 의료서비스를 제공하는 의료시설을 말한다. 심리상담사들은 클리닉이라는 용어를 대개는 사용하지 않는다. 정신건강의학과에서 세분화한 치매 클리닉, 소아청소년 클리닉, 발달클리닉, ADHD 클리닉이라는 말을 들어보았을 것이다. 의사가 이런 클리닉을 개설하고 난 뒤에 심리상담사를 고용하여 상담이나 심리검사를 진행하기도 한다.

우리가 주변에서 보는 상담실은 이런 의료행위를 하는 곳이 아니다. 상담실에서는 일상적인 생활에서 경험하는 심리적인 어려움과 다양한 인간관계의 개선, 개인적인 스트레스를 다루는 곳이다. 물론 다양한 심리검사를 하게 되지만 병원에서 실시하는 진단적인 검사가 이루어지지는 않는다. 간혹 상담실에 찾아오는 내담자 중에는 병리적인 문제를 호소하시는 분들도 있다. 정신과적인 치료가 병행되어야 하는데도 불구하고, 정신과 진료를 꺼려서 일반 상담실에서의 상담을 고집하기도 한다. 하지만 이런 케이스는 일반적인 상담으로는 개선이 어려울 뿐만 아니라 정신·병리적인 문제가 더 악화할 수 있다. 이럴 때는 바로 상담을 중단하고 병원으로의 전원을 유도하는 것도 일반 상담실의 역할이다.

초·중·고 Wee 클래스와 대학상담센터는
어떻게 운영되고 있나요?

학생들이 상담이나 상담 선생님을 처음 알게 되는 통로는 아마도 초·중·고등학교 내에 있는 Wee 클래스일 것이다. Wee 클래스에는 전문상담교사들이 상주해 있고 학생 누구라도 상담실 문을 두드릴 수 있다. Wee 클래스에서 일하는 전문상담교사는 교사와 상담사의 일을 병행하는 역할을 한다. 교육부 산하의 기관으로서, 학교 내에서 아이들과 만나는 공간인 만큼 명확한 법령 안에서 운영된다. Wee 클래스에서 하는 일은 여러 가지이다. 우선 다양한 고민을 함께 해결하며 학교 내에서 원만한 친구 관계를 맺을 수 있도록 돕는다. 더 나아가 학교폭력 및 위기 상황을 예방하고 대처한다. 자연스럽게 Wee 클래스에 상주하는 전문상담교사의 역할도 다양해진다.

학생들이 호소하는 문제에는 여러 가지가 있다. 학교 부적응, 학업 흥미 상실, 주의산만, 우울, 친구들과의 관계 등을 들 수 있다. Wee 클래스는 심리·정서적 어려움을 겪고 있는 학생들에 대한 예방·회복·발달 차원의 개인상담 및 집단상담을 지원한다. 매년 심리검사를 하는 한편 담임선생님들과의 긴밀한 협력을 통해 위기 학생을 발견하는 역할을 한다. 사회복지 차원에서도 다각적으로 접근한다. 생활보호대상자, 차상위계층, 한부모가정 등 위기상황에 노출된 취약 계층의 학생에 대해 종합적인 안전망을 촘촘하게 구축하고 운영한다. 또한 공공연하게 발생하는 학교폭력 피해·가해 학생과 학부모들에게 일차적 상담·치유·교육을 지원하며, 해당 아동을 계속해서 상담하고 관리한다. 상담내용 및 위기 수준에 따라 교육청에 개설된 Wee 센터, 지역에 연계된 정신건강의학과 등의 기관에 학생을 의뢰하는 것도 Wee 클래스 상담사의 역할이다.

위기 학생에 대한 상담 외에도 상담홍보 활동을 통해 학교 상담의 문턱을 낮춘다. 더불어 다양한 상담 프로그램 자료를 제작, 활용, 운영한다. 대부분 교육부에서 제공하는 상담 매뉴얼과 지침이 있어서 학교의 상황에 맞추어 선택하게 된다. 또한 '솔리언 또래상담사' 교육을 통해 또래상담사를 육성하고, 학급에서 어려움을 겪고 있는 학생들을 또래상담반 학생들이 돕고 지원하도록 지도한다.

Wee 클래스에서 진행하는 상담과 프로그램은 일반 수업 시간을 이용하기도 하고 방과 후에 진행하기도 한다. 담임 선생님 또는 학부모의 의뢰로 상담 또는 정서·행동특성검사를 받은 결과 관심군인 학생은 담임교사와 학부모, 그리고 학생의 동의하에 수업시간 중에도 개인상담을 진행할 수 있다. 학급 내의 긴급 위기, 학교폭력, 교권침해 등의 위급한 상황일 경우에도 수업시간 중 상담을 할 수 있다. 이외에 학생의 자발적인 상담 신청의 경우 점심시간이나 방과 후 시간을 활용하는 것이 기본방침이다. Wee 클래스에는 매년 예산이 부여된다. 학생들에게 필요한 기본적인 심리 검사지나 학생들을 상담할 때 사용하는 도구들을 구매하고 외부 강사를 초빙하여 프로그램을 진행할 수 있도록 하기 위함이다. 전문상담교사는 1년간 Wee 클래스의 운영 계획을 마련하고 학교의 승인을 받아 예산을 집행한다.

대학상담센터는 학생들의 정신건강, 학업, 대인 관계, 진로 등 다양한 측면에서 문제와 고민을 해결해 성숙하고 만족스러운 대학 생활을 영위하도록 지원하는 대학 내 기관이다. 학교 내의 교수님들이 보직으로 센터장을 겸임하고 있고 직원은 상담 인력과 행정직원으로 나뉜다. 상담 인력은 전임상담사와 외부 객원상담사, 상담 업무를 보조하고 접수 상담을 돕는 인턴상담사로 이루어져 있다. 대학상담센터는 외부의 전문상담기관에 비해서 정신과적 문제를 호소하는 사람보다는 예방 관리적 차원에서 상담실을 찾는 학생들의 비율이 높다. 상담 관련 전공자가 수련하기에도 좋은 환경이다.

대학상담센터의 인턴상담사로 채용되면 접수 상담이나 간단한 심리검사 등 상담경험을 쌓을 수 있다. 안정된 환경에서 10회기 정도의 개인이나 집단상담을 꾸준히 할 수 있어 상담사들이 선호하는 곳이기도 하다. 직원이 따로 있기는 하지만 비교적 행정 업무의 비율이 높은 편이다. 대학평가를 위한 실적보고와 학교 내 홍보, 프로그램 진행과 결과보고 및 학교 내의 중요한 회의 참석 등 다양한 행정 업무가 있다.

학생들은 자신이 고민하는 주제에 대해 무료로 상담을 받을 수 있다. 개인상담이나 집단상담을 자유롭게 신청할 수 있고 대면 상담뿐만 아니라 온라인상담도 가능하다. 학생들이 관심을 가지고 있는 다양한 심리검사도 물론 받을 수 있다. 대부분 대학은 온라인 홈페이지를 운영하고 있고 상담절차는 다음과 같다.

대학상담센터는 교육부 산하의 다른 기관들과는 달리 자유롭고 다양한 프로그램의 진행이 가능하다는 특징이 있

다. 대학생들에게 필요한 대인 관계나 스트레스 관리, 진로에 대한 워크숍이나 세미나, 특강 등의 다양한 프로그램도 진행된다. 경제적으로 부담이 되어 외부에서 쉽게 상담받지 못했던 학생들도 대학 내 상담센터를 통해 도움을 얻는 경우가 많다. 진로나 성격, 이성 문제 등 고민이 많은 대학 생활을 보내던 학생들이 상담을 통해 자신을 이해하고 조금은 가벼운 마음을 얻게 되어 대학 생활을 충실하게 보내는 것을 종종 볼 수 있다.

Q3
주로 다른 상담사들과
함께 일하나요, 혼자 일하나요?

개인이 운영하는 소규모의 상담실이나 Wee 클래스의 전문상담교사는 혼자서 상담 업무를 맡는다. 상담사를 채용하는 다양한 기관이나 센터 중에서도 상근으로 업무를 담당하는 상담사는 혼자인 경우가 많다. 비교적 규모가 큰 기관이나 교육청 산하의 Wee 클래스, 특별한 목적으로 만들어진 중독전문상담센터, 청소년 상담센터나 대학의 학생 상담센터에는 여러 명의 상담사가 근무하기도 한다.

직장 동료로서 함께 근무하는 상담사들은 일하는 중간중간 소소한 이야기도 나누고 각종 스터디와 사례회의, 슈퍼비전 등에 함께 참여한다. 하지만 심리상담의 특성상 내담자와 만나는 실제의 상담현장에서는 혼자서 일하게 된다. 상담실 안에서 내담자와 이야기를 나누고 내담자의 심리적 어려움을 해결해 나가는 과정은 상담사 개인의 고유한 영역이기 때문이다.

한 시간 상담을 이끌어가는 데는 상당히 역동적이고 전문적인 기술이 필요하다. 내담자의 말을 어디까지 듣고 멈춰야 할지, 어느 부분에서 좀 더 질문해야 할지, 내담자의 감정과 전이를 어떻게 다룰지는 매번 상황마다 다르다. 상담 중에 누구와 의논할 수도 없고 책을 펼쳐 놓고 찾아볼 수도 없다. 상담사가 내담자에게 집중하는 그 시간 안에서 상담사의 역량이 드러난다고 볼 수 있다. 적절한 경계를 지켜가면서 내담자를 이끌어 가는 일은 상담사가 오롯이 혼자서 감당해야 하는 영역이라고 할 수 있다.

초보 상담사들은 중간에 내담자가 대답하지 않거나 방어적인 태도를 보일 때 당황한다. 그러나 모든 대답에는 이유가 있다. 숙련된 상담사는 무음의 그 시간조차도 의미 있게 다룰 수 있다. 절대 말하지 않을 것 같은 이야기를 나누고, 이전이라면 표출하지 않았을 감정을 드러내는 내담자를 보는 것은 정말 신기한 경험이다. 상담이 거듭되면서 내담자는 기존과는 다른 방식으로 말하고 생각하는 연습을 한다.

심리상담사는 상담실 안에서 혼자 일하지만, 사실은 내담자와 함께 일한다는 표현이 적절한 것 같다.

Q4
출장이나 외근도 있나요?
외부 교육이 있다면 어떤 내용인가요?

상담사들은 다양한 분야에서 일한다. 소속된 기관의 성격에 따라서 일반 직장인들과 마찬가지로 출장이나 외근이 있다. 특히 교육부나 여성가족부, 보건복지부 산하의 기관이나 센터에 소속되어 일하는 상담사들은 출장이나 외근, 외부 교육에도 참여한다.

각 지자체 교육청 Wee 센터에서 일하는 상담사의 경우 관할 지역 내에 있는 초·중·고등학교에서 종종 상담의뢰를 받는다. 아직 전문상담교사가 배치되지 않은 학교도 있고 상담교사가 있긴 하지만 긴급한 상황이 발생하여 상담이 시급한 때도 있다. 그런 경우에는 교육청 Wee 센터 상담사가 직접 학교를 방문하여 상담을 진행한다. 일종의 외근이라고 할 수 있다. 또한 기관 외부에서 실시하는 역량 강화교육이나 보수교육 등에 참석하기 위해 출장을 가야 하는 경우도 생긴다. 기관이 가진 예산에 따라서 외부 강사를 초빙하여 특별교육을 진행하기도 한다.

초·중·고등학교의 Wee 클래스에서 일하는 상담사도 출장이나 외근이 있다. 주로 지역 내의 유관기관 즉 교육청, 경찰서, 아동보호전문기관, 지역사회 복지기관, 구청, 행정복지센터의 담당 공무원들과 협력하기 위해 회의에 참여한다. 더불어 상담교사를 대상으로 하는 외부 교육도 정기적으로 진행된다. 역량 강화교육의 형태로 실시하는데, 사회적 이슈에 따른 특별교육이 진행되기도 하고 유행하는 상담기법 강의나 자격증 교육도 진행된다.

기관이나 센터에 속해서 일하는 상담사들과는 달리 개인 상담소에서 일하는 상담사들은 각자의 역량과 네트워킹에 따라서 다양한 형태로 일한다. 상담을 신청한 내담자들을 예약된 스케줄에 맞추어 상담하고, 외부기관에 가서 의뢰받은 강의나 상담을 진행한다. 또한 상담사의 역량개발을 위해 필요한 자격교육이나 심화 교육을 듣기도 한다. 상담사들끼리 만나게 되면 외부 교육에 대한 정보를 교환하고 피드백을 나누는 게 일반적인 풍경이다.

상담사와
밀접하게 일하는 직업들

내담자와 만나는 상담현장은 상담사의 고유한 영역이고 시간이다. 그러나 내담자를 만나고 연계하는 다양한 과정에서 상담사는 몇 개의 다른 직업과도 연관되어 있다. 대부분의 사회복지 영역의 직업군이라고 볼 수 있다.

사회복지사

사회복지사는 보건복지부 산하, 여성가족부 산하의 지역사회 기관에서 일하고 있다. 자신이 담당하고 있는 사업이나 프로그램에서 상담의 영역이 생기게 되는데 이때 지역사회에서 도움이 필요한 대상이 발생하는 경우 연결되어있는 기관의 상담사에게 상담을 의뢰한다. 상담사는 이러한 지역사회의 기관의 사회복지사와 꾸준히 연결될 수 있도록 맡은 상담을 충실하게 진행한다. 상담이 끝나면 보고서 작업을 마무리해서 전달한다.

임상심리사

상담 시에는 다양한 심리검사를 진행하게 된다. 내담자의 상황에 따라 다르지만, 전문적인 심리검사가 필요한 경우 평소에 알고 지내는 임상심리사에게 의뢰하여 심리검사를 진행하고 검사결과지를 받게 된다. 임상심리사의 심리검사결과를 참고하여 내담자와의 상담 방향을 결정한다. 물론 상담사가 임상심리사의 역할을 할 수도 있다. 임상심리사 자격을 취득한 상담사도 있고 각종 검사지에 대한 교육을 이수하여 관련 검사와 해석을 직접 할 수도 있다. 다만 통상적으로 임상심리사라고 칭하는 것은 심리학과 졸업생들이 수련을 통해 취득하는 정신건강 임상심리사를 말한다.

전문상담교사

전문상담교사도 학생들을 상대로 현장에서 상담사의 역할을 맡고 있다. 대부분의 상담을 전문상담교사가 담당하지만 주어진 예산안에서 외부의 심리상담사를 초빙하여 다양한 프로그램이나 집단상담을 하는 경우가 있다. 전문상담교사는 심리상담사에게 학생들의 정보와 프로그램의 방향을 전달하며, 심리상담사는 정보를 바탕으로 집단상담을 진행한다.

정신건강전문의

정신건강의학과 주변에 보면 심리상담센터가 부설로 설치되어 있거나 가까운 위치에 들어와 있는 것을 볼 수 있다. 마치 병·의원 근처에 약국이 있는 것과 비슷하다. 정신건강의학과에서는 심리검사와 진단, 그리고 약물의 처방과 상담을 진행한다. 약물치료와 더불어 심리상담을 통한 정서적인 지지와 교육이 필요한 경우 심리상담사가 그 역할을 담당하게 된다. 반대로 심리상담을 하는 내담자에게 병리적인 문제가 발견될 때 상담사는 상담을 중지하고 정신건강의학과로 연계 하기도 한다.

동료 상담사

상담사들이 가장 밀접하게 관계 맺는 사람들은 동료 상담사이다. 의뢰된 내담자를 관련 분야에 좀 더 특화된 동료 상담사에게 연계하기도 하고, 지인들이 상담을 요청하는 경우 평소에 신뢰하는 상담사에게 연계한다.

I am a counselor

Part 2 마음 꺼내기

1   심리상담사의 과정

울산에서 서울로 향하는 여정은 매번 길었다. 교육일정마다 다르긴 했지만 3~4년 간은 한 달에 한 번 혹은 두번씩 1박 2일의 일정이 있었고 그 이후에도 보수교육이나 학회 참석으로 인해 일 년에 서너 번 서울에 가야 했다. 기차 편도 적었고, 비행기는 값이 만만치 않았다. KTX가 생기기 전이라서 서울까지 꼬박 5시간은 걸렸다. 서울역이나 수원역에 내려서 학회나 교육장이 있는 곳까지 이동하기를 또 한 시간, 교육 시간 전에 입실하려면 집에서 새벽에 나서야만 했다. 어떻게 매번 그 길을 오갔는지 지금 생각하면 신기하다. 초등학교에 다니는 두 아이도 있었는데 남편의 도움이 없었다면 불가능한 일이었다. 꿈을 향한 열정이 나를 이끌었고, 낯선 교육장에는 옆자리에 앉아 삶의 이야기를 나누던 초면의 동료 상담사들이 있었기에 힘을 내며 매진할 수 있었다. 대부분 나이도 비슷해 더 공감이 됐다. 주목받는 상담이론과 기법을 배워서 내담자들에게 도움을 줄 수 있다는 것도 큰 동기부여가 되었다.

그 당시 막 국내에 도입되어 부부상담사들에게 주목을 받던 가트만 부부전문가과정을 밟아갈 때가 생각이 난다. 지역에 있는 선생님들과 함께 3박 4일의 워크숍에 참여했는데 가트맨 박사 부부가 직접 워크숍을 진행했다. 통역과 함께 여러 가지 내용이 전달되었다. 모든 참석자는 직접 한국을 방문해서 워크숍을 진행해준 부부에게 큰 박수를 보냈다. 오전 강의가 마무리될 즈음 짧은 휴식시간이 주어졌는데 물을 마시고 강의실로 들어가는 찰나에 줄리 가트맨 박사와 딱 마주쳤다. 세상에나, 이렇게 가까이서 보다니… 누구나 할 수 있는 간단한 인사말과 함께 고맙다고 말하자 긴 파마머리를 한 줄리 가트맨 박사는 천천히 미소를 지었다. 가까이서 본 눈이 얼마나 따스하고 깊던지, 상담사로서 꼭 이런 눈빛을 가져야겠다는 다짐을 했다. 함께 찍은 사진 덕분에 동료 선생님들의 부러움을 한 몸에 받았다. 그 사진을 볼 때마다 유난히 깊고 따뜻한 눈빛이 생각이 난다. 내담자를 대할 때마다 그런 눈빛으로 바라볼 수 있기를 바라며 상담실 문을 들어서곤 한다.

물론 상담이 모든 내담자에게 항상 효과적인 건 아니다. 초보 상담사 시절, 초기상담 내내 라포형성이 어렵던 내담자가 1회 상담 이후 발길을 끊어 버린 적도 있었다. 상담사에게 잘 맞는 내담자가 있듯이 내담자에게도 본인에게 잘 맞는 상담사가 있기 마련이니 당연한 일이지만 그 당시에는 마음이 많이 불편했다. 내담자가 마음을 열지 못한 것이 나의 미숙함 때문이었을까 하는 생각이 들어서였다.

이후 내담자와 나누었던 상담내용에 대해 축어록을 쓰며 그 이유를 찾으려고 애썼던 기억이 난다. 상담사로서 경력이 쌓이기까지는 내담자와의 신뢰감 형성이 가장 어려운 일이었다.

센터에서 객원상담사로 일했을 때 한번은 이런 일도 있었다. 옆방에서 다른 상담사가 한창 상담 중이었는데 대뜸 내담자가 상담사에게 고래고래 소리를 질렀다. 본인 편을 안 들어주고 아내 편만 들어주는 것 같아서 화가 난다는 게 이유였는데, 문을 열고 나와 보니 복도에서 왔다 갔다 하면서 화를 삭이고 있는 내담자의 모습이 보였다. 담당 상담사는 아내를 진정시키느라 상담실 안에 있었고, 동료 상담사들도 낯선 상황에 다들 당황했다. 마침 다음 상담까지 여유가 있었던 상담팀장이 음료수 한 병을 가지고 나와 그 내담자를 진정시켰다.

어른이건 아이건 상담실까지 찾아왔을 때는 억울하고 답답한 자기의 마음에 공감해 주기 바랐을 것이다. 자식의 권유로 할 수 없이 상담실을 찾는 노년의 부부나 엄마 손에 이끌려 온 청소년들과의 상담은 모두 쉽지 않았다. 특히 청소년의 경우는 억지로 상담을 받는 학생이 대부분인지라 이야기는 고사하고 말문을 여는 것도 어려웠다. 유독 말문을 안 열던 남학생과 10회기의 상담을 진행하기 위해 평소에 하지 않던 온라인 게임까지 배워가며 이야기를 이

어갔던 적도 있었다. 나중에는 오히려 그 학생이 게임 선배로서 나를 가르치기까지 했으니 라포형성은 확실히 되었다고 볼 수 있다. 지나고 보니 여러 가지 크고 작은 에피소드들이 나를 상담사로 성장시켰다는 생각이 든다. 자기 삶의 이야기를 나누어준 한 명 한 명의 내담자들이 모두 고맙게 느껴진다.

Q1
꼭 심리학과나 상담학과를
졸업해야만 상담사가 될 수 있나요?

많은 사람이 궁금해하는 것 중 하나는 꼭 심리학과나 상담학과를 졸업해야 심리상담사가 될 수 있냐는 것이다. 우리나라는 대학에 진학할 때 전공에 대한 깊은 이해 없이 점수에 따라 진로를 정하는 경우가 많다. 그러다보니 대학 진학 후 다른 전공을 공부하다가 차츰 상담분야에 관심을 가지기도 한다. 나이가 들어서 다시 상담공부를 시작하고자 하는 사람들도 종종 있다. 상담사가 되기 위한 공부를 시작하는 데 학위가 꼭 필요하냐고 묻는다면, 그 답은 '아니요' 이다.

다른 전공을 했더라도 본인이 원한다면 심리상담 분야에는 다양한 배움의 길이 열려 있다. 심리나 상담 관련 이론이나 기법에 대해 깊이 있게 공부할 수도 있고 소정의 교육을 받고 상담자원봉사를 할 수도 있다. 인문사회과학 분야는 학문이 통합되는 경우가 있다. 대학 학과의 명칭 또한 사회변화에 맞게 바뀐다. 심리학과나 상담학과뿐만 아니라 상담관련학과로 볼 수 있는 사회복지학과, 교육학과, 아동이나 가족 관련 학과를 졸업해도 심리상담사로 성장할 수 있는 발판이 마련된다. 그러나 심리학이나 상담 관련 학위 없이 타 전공만으로 심리상담사가 될 수 있냐고 묻는다면 그 답도 '아니오'이다.

현재 국가에서 공인하는 상담 관련 자격증은 분야가 한정되어 있다. 그 때문에 심리관련 전공에 기반을 둔 각종 학회나 협회, 기관, 심지어 개인상담소에서 발급하는 것까지 더해져서 인터넷에서 쉽게 볼 수 있는 상담 관련 자격증이 너무 많다. 그중에는 실제로 상담사로서 취업하는 데 도움이 안 되는 것들이 대다수이다. 비전공자들은 어떤 자격증이 필요한지 아닌지를 판단하기가 어렵다. 이런 환경에서는 불필요한 자격증을 취득하느라 시간과 비용을 낭비하기 쉽다. 대부분의 상담 관련 자격증은 민간자격증이므로 그 가치가 천차만별이기 때문이다.

그러므로 상담은 대학과 대학원 내에서 교육을 받는 것이 가장 안전하다. 앞으로 나아갈 길과 자신의 분야를 설정하는 데 가장 명확한 기준을 삼을 수 있기 때문이다. 요즘은 상담에 관심이 있는 성인 학습자들을 위해 대학이나 대학원 과정이 많이 개설되어 있다. 장학금의 혜택도 다양하므로 자신의 상황에 맞게 학습할 수 있다. 이런 경우 일반 대학원이 아닌 특수대학원 형태로 야간이나 주말 수업으로 개설된 곳이 많다. 아직 본인이 중·고등학생이고, 개인상담이나 또래상담사 경험을 통해 심리상담사라는 꿈을 가지게 되었다면 정식으로 심리학과나 상담학과에 진학해 차근차근 길을 밟는 것을 추천한다. 상담이나 심리 관련 학과는 대부분 대학에 기본적으로 개설되어 있다. 과거에는 심리학, 교육학, 사회복지학이 상담 관련 영역이었다면 최근에는 그 영역이 확대되어서 학과의 명칭이 다양해진 것을 볼 수 있다. 그리고 일반대학원과 특수대학원, 교육대학원에도 각각 상담 관련 전공이 개설되어 있다.

이미 다른 전공을 가지고 있거나 수시·정시를 통한 대학 진학이 어렵다면 다양한 심리 관련 대학원 과정을 고려해 보는 것도 좋다. 전문상담교사를 배출하는 교육대학원은 반드시 심리나 상담 관련 학사학위가 있어야 진학할 수 있다. 현재 심리학이나 상담학 관련 학사학위가 없다면 학점은행제를 통해 취득할 수 있다. 다른 전공 학위가 있다면 교양과목은 학점이 인정되어 보다 짧은 시간에 가능하다. 학사학위 취득 이후 대학원에 진학하면 학문적으로 탄탄하게 이론을 배울 수 있고 함께 공부하는 학생들이나 교수님을 통해 자격과정에 대한 올바른 정보를 얻을 수 있다. 그리고 실제로 상담현장에서 많이 사용되는 자격증의 수련과정에 도움을 받을 수 있다. 법령의 변화나 상담학계 전반의 소식에 대해서도 가장 먼저 알게 되는 장점이 있다.

실제로 심리학과 상담학 과정에서 배우는 과목들은 다음과 같다.

A 대학 상담학과 (대부분 상담학 관련 교과목과 실습으로 구성)

1학년	2학년	2학년	3학년	3학년	4학년	4학년
인간행동의 이해	상담 이론과 실제	상담 언어의 기초	상담연구 방법론	심리검사	국내 인턴십1	국내 인턴십1
사회행동이론	인간특성발달	상담윤리	진로상담	아동·청소년 상담	국내 인턴십2	국내 인턴십2
상담학개론	공감과 존중	집단상담	산업체 현장 실습1	산업체 현장 실습1	국외 인턴십1	국외 인턴십1
학업과 재능발달	사회문제와 상담	가족발달이론	산업체 현장 실습2	산업체 현장 실습2	국외 인턴십2	국외 인턴십2
인간관계와 상담	학습과 동기	상담통계	가족상담	특수아 상담	상담 행정 및 경영	상담프로그램 개발과 창업
성격의 이해			상담면접	상담실습 및 사례 연구2	상담실습 및 사례 연구1	아동·청소년 상담실습
			문화와 상담	이상행동의 이해	캡스톤 디자인	
			취·창업 진로 세미나	취·창업 진로 세미나		

B 대학원 상담 전공 (대부분 상담 관련 교과목과 실습으로 구성)

석사 48학점 / 박사 48학점 : 총 96학점

상담이론과 실제	진로 및 직업 상담	학습과 인지	상담현장 실습2
고급상담 이론과 기법	집단상담실습	인간·변화·상담	상담학의 최근 동향과 쟁점
집단상담	현대상담이론	상담교육 및 슈퍼비전	집단상담 및 교육 프로그램개발
교육심리 검사와 진단	학습장애아동 교육론	상담교육 및 슈퍼비전 실습	교육심리·상담·특수교육 연구설계
상담현장 실습1	정서 및 행동문제와 상담	직업심리학과 상담	응용 행동분석 및 단일사례연구
상담연구방법론	영재교육의 이해	상담·윤리·법·제도	

B 대학 대학원 심리학 전공 (심리학 과목 중 상담 관련 교과목은 *로 표기)

석사 24학점(임상 경우 30학점) / 박사 36학점 : 총 60학점(또는 66학점)

고급 심리통계	정신병리 세미나	성격연구세미나	고급학습 및 기억의 심리학
고급 사회심리학	심리치료와 고급상담이론*	고급응용발달심리학	사회심리학의 주요 문제
고급 성격심리학	고급 생물심리학	인지 치료	대학원 논문 연구
정신병리학	고급 조직심리학	임상 및 상담현장실습	고급주의와 수행 세미나
고급 지각심리학	다변량 분석법	집단상담 및 치료*	정서 과학
지각심리 방법론	긍정 사회심리학	치료적 면접 및 실습*	조직심리학의 최근 연구 주제들
고급 언어심리학	고급 임상 신경심리학*	생물 심리학세미나	긍정조직심리학
고급발달심리학	정신병리학: 신경과학적 접근	고급조직개발론	심리학 특강
심리평가*	인지 노화와 치매	발달심리학 세미나	긍정 임상심리학 세미나*

아래의 표는 2024년 현재 교육대학원 목록이다. 상담 및 심리관련 학사 전공자가 진학하여 2급 전문상담교사 자격을 취득할 수 있다.

교육대학원 명단

No	대학명	양성과정	학과명
1	강원대학교	교육대학원	학교상담
2	경북대학교	교육대학원	상담심리전공
3	공주대학교	교육대학원	상담심리전공
4	부산대학교	교육대학원	학교상담전공
5	전남대학교	교육대학원	상담심리전공
6	제주대학교	교육대학원	상담심리전공
7	충남대학교	교육대학원	상담교육
8	경남대학교	교육대학원	상담심리전공
9	고려대학교	교육대학원	상담심리교육전공
10	국민대학교	교육대학원	상담심리전공
11	단국대학교	교육대학원	상담심리
12	대구대학교	교육대학원	상담심리
13	대구가톨릭대학교	교육대학원	상담심리전공
14	동국대학교	교육대학원	상담심리전공
15	서강대학교	교육대학원	상담심리전공
16	수원대학교	교육대학원	상담교육
17	숙명여자대학교	교육대학원	상담교육전공

18	신라대학교	교육대학원	상담심리전공
19	아주대학교	교육대학원	상담심리
20	우석대학교	교육대학원	상담심리
21	연세대학교	교육대학원	상담교육전공
22	영남대학교	교육대학원	상담심리
23	이화여자대학교	교육대학원	상담심리
24	인제대학교	교육대학원	상담심리전공
25	인하대학교	교육대학원	상담심리
26	한국외국어대학교	교육대학원	상담심리전공
27	한양대학교	교육대학원	상담심리전공
28	서울대학교	일반대학원	교육상담전공

Q2
전문적인 상담 자격증의 종류는
어떤 게 있나요?

상담사가 되는 길은 여러 갈래가 있지만, 대부분의 상담사는 대학과 대학원에서 심리나 상담 관련 학위를 받고 수련을 통해 상담 자격증을 취득한다. 심리상담 관련 자격증은 국가자격증과 민간자격증으로 나뉘는데 우리나라의 상담 관련 민간자격증은 2021년 기준으로 3500여 개가 넘는다. 상담의 영역이 워낙 다양하고 점차 확대되어가는 상황이다 보니, 상담사라는 직업에 관심이 있는 학생이나 사람들의 관심을 끌 만한 각종 민간자격증이 발 빠르게 만들어지고 있다.

인터넷에서 광고하는 수많은 상담 자격증 중 대부분은 상담현장에서 전혀 쓰이지 않거나 혹은 상담사들이 역량 강화 차원에서 부수적으로 공부하는 것이 대부분이라고 보면 된다. 쓰임이 불분명하지만 이런 자격증의 교육비용 또한 만만치 않고, 민간자격증을 발급하는 기관의 수준도 천차만별이다. 학회 규모로 다양한 전문가와 체계적인 수련 과정을 갖춘 기관도 있고, 몇 회기의 교육만으로 자격증을 발급하는 기관도 있다. 지나치게 높은 비용을 요구하는 자격증도 있고, 시간이 오래 걸리는 자격증도 있다.

상담이라는 명칭이 들어간 국가자격증은 청소년상담사 하나이다. 자격시험의 내용이나 시험합격 이후 받아야 하는 보수교육의 수준이 높은 자격증 임에도 불구하고 자격증 명칭에 '청소년'이 들어가기 때문에 성인들을 상담하는 상담현장에서는 아쉬움이 있다. 그래서 상담사들은 실제 취업에서 주로 쓰이는 공신력 있는 학회의 상담 자격증을 취득하기 위해 많은 시간과 비용을 낸다. 대학이나 대학원에서 상담 관련 공부를 했음에도 불구하고 다시 학회 기반의 자격증을 획득하느라 수년의 시간과 비용을 다시 투자해야 하는 어려움이 있다.

물론 자신이 속한 학과의 교수님이 학회에서 인정하는 수련감독 슈퍼바이저인 경우, 수업시간이 수련시간으로 인정되기 때문에 시간과 비용을 절약할 수 있다. 하지만 졸업 이후에도 지속해서 수련을 받는 것은 쉬운 일이 아니다. 따라서 상담사들은 노인이나 부부, 가족, 성인들을 아우르는 국가자격증이 만들어지고, 대학이나 대학원 과정에서 본인이 관심 있는 학회의 수련을 무료로 받을 수 있는 시스템이 갖추어지기를 바라고 있다.

우선, 현재 상담현장에서 가장 많이 쓰이고 유효한 자격증 여섯가지를 소개한다.

여성가족부 청소년상담사

심리상담과 관련한 국가전문자격이다. 3급과 2급 그리고 1급으로 나누어져 있다. 3급의 경우 상담관련 전공자 뿐 아니라 경우 고등학교 졸업 후 상담실무경력이 5년 이상인 자부터 응시가 가능하다. 청소년상담사 자격을 취득하기 위해서는 응시자격을 갖춘 후 산업인력공단에서 시행하는 필기시험과 면접시험에 합격하고, 한국청소년상담복지개발원에서 시행하는 100시간의 합격자 연수과정을 마쳐야 한다. 산업인력공단 큐넷에서 응시 조건 등 더 많은 자료를 얻을 수 있다. www.q-net.or.kr

보건복지부 정신건강임상심리사

보건복지부에서 발급하는 국가전문자격이다. 정신건강임상심리사 1급, 정신건강임상심리사 2급으로 나뉘어 있다. 정신건강임상심리사 2급을 취득할 수 있는 최소 요건은 심리학 학부 졸업 기준이지만 실질적으로 현재 대부분 석사 졸업생들이 지원을 하고 있다. 정신건강임상심리사 자격증은 공공기관이나 공무원 관련 구직을 위해 필요한 경우가 많고 지역사회에서 각 시 또는 구에 설치된 정신건강복지센터에서 주로 일한다. 정신건강복지센터는 직접 사업을 운영하거나 예산을 집행하는데 아동 · 청소년 사업을 맡게 되는 경우 직접 심리평가와 심리상담을 맡는다. 한국임상심리학회 홈페이지를 방문하면 응시조건 등 더 많은 자료를 얻을 수 있다. www.kcp.or.kr

한국상담심리학회 상담심리사

1964년 창설된 역사가 깊은 학회이다. 대부분 심리학전공을 기반으로 상담을 하는 이들이 취득하고자 하는 자격이며 심리학 외의 다른 전공자들은 취득하기가 쉽지는 않다. 상담경력 및 과목 이수 조건이 충족되어야 시험에 응시할수 있으며 상담경력은 본 학회 1급 주수련 감독자의 감독하에서의 상담경력만 인정한다. 상담심리사는 상담심리사2급과 상담심리사 1급으로 나뉘어 있다. 2급을 취득하기위해서는 학사 졸업인 상태에서도 가능은 하나, 실질적으로는 석사과정 중에 2급 수련을 시작한다. 한국상담심리학회 홈페이지를 방문하면 응시조건 등 더 많은 자료를 얻을 수 있다. www.krcpa.or.kr

한국상담학회 전문상담사

2000년에 창립된 학회로 상담학, 교육학, 사회복지학 등 상담 관련 전공자들이 많이 취득하는 자격이다. 전문상담사1급과 전문상담사2급으로 자격증은 나뉜다. 회원자격을 갖추고 수련자격 심사를 마친 후에 필기에 응시할 수있다. 필기 합격 후에는 수련요건심사를 거치고 면접에 합격해야 자격 취득이 가능하다. 학회의 특징으로 15개로 나뉜 분과별 학회와대학상담, 집단상담, 군 상담 등 지역학회가 있다는것이다. 각 분과별로 전문 슈퍼바이저가 있으며 각 분과의슈퍼바이저들은 특정기간에 무료로 슈퍼바이징을 실시한다. 한국상담학회 홈페이지를 방문하면 응시조건 등 더 많

은 자료를 얻을 수 있다. www.counselors.or.kr

한국산업인력공단 임상심리사

한국산업인력공단에서 발급하는 국가기술자격이다. 2급의 경우 최소 요건이 4년제 학부 졸업으로 심리학을 전공하지 않아도 시험 응시가 가능한 자격이며, 1급의 경우 심리나 상담 분야 석사 이상을 요구한다. 수련 자격이나 요건을 요구하지 않기 때문에 보건복지부의 정신건강임상심리사처럼 취득하기가 까다로운 자격은 아니며 실제로 폭넓게 쓰이는 자격증은 아니다. 하지만 국가자격증이므로 상담 관련 공공기관에 계약직이나 정규직으로 입사하기 위해서 특정 기관에서 요구하는 경우가 종종 있다. 최근 확대되고 있는 치매 안심 센터나 정신건강 복지센터에 비전문 요원으로 취업하는 데에는 도움이 된다. 상담과 더불어 심리검사에 방점을 두어 공부하고자 한다면 취득하는 것도 도움이 된다. 한국산업인력공단 큐넷 홈페이지를 방문하면 응시조건 등 더 많은 자료를 얻을 수 있다.

www.q-net.or.kr

교육부 전문상담교사

전문상담교사란 초·중등교육법의 전문상담교사 자격 기준에 해당하는 사람으로서 교육부 장관이 검정 수여하는 자격증을 받은 사람을 말한다. 전문상담교사 제도는 2005년도부터 교육지원청에 도입되었고 2007년도부터 일선

학교에 배치가 되었다. 2급과 1급으로 나뉘는데 1급은 현직 교사들만 취득이 가능하다. 상담 관련 전공자들은 전문상담교사 2급에 도전할 수 있다. 전문상담교사 2급 양성과정이 있는 교육대학원에 진학하여 석사학위를 받으면 자격을 얻는다. 이후 임용고시에 합격하면 구·공립 초·중·고등학교에서 상담교사로 일할 수 있다. 임용고시에 합격하지 못하더라도 기간제나 계약직으로 Wee 클래스나 교육청 Wee 센터, Wee 스쿨 등에 취업할 수 있다. 2020학년도 기준 법정 정원 대비 전문상담교사는 24.9% 확보된 상황으로, 현재 인원을 충원해 나가는 중임에도 불구하고 비교과 교사 보건, 영양, 사서, 상담 중 가장 낮은 50%를 밑도는 실정이다.

※ 이 외에도 본인이 원하는 특정한 한 분야의 상담만을 하기 원한다면 그 분야의 자격증을 취득해 상담영역에서 일할 수도 있다. 스마트폰 과의존을 상담하는 상담사나 폭력예방전문강사, 직업상담사 등이 그 예이다.

한국지능정보사회진흥원에서 발급하는 인터넷중독전문상담사 경우 자격을 취득하면 전국 18개 스마트쉼센터에서 전문상담사로 일할 수 있다. 그러나 이 자격증도 상담 관련 학위가 있어야 취득할 수 있다. 자세한 정보는 스마트쉼센터에서 얻을 수 있다. www.iapc.or.kr

특정 분야에서 일하는 전문강사도 있다. 여성가족부 산하의 한국양성평등교육진흥원에서는 매년 한 차례 신규 폭력 예방 통합교육 전문강사 양성과정을 통해 전문강사를 양성하고 있다. 지원자격은 관련 학위 소지자이거나 관련 업무 종사 경험이 있는 지원자를 대상으로 서류심사를 거쳐 교육생을 선발하여 교육과정을 실시한다. 1년 안에 모든 과정을 이수하게 되면 관련 강사로 활동할 수 있다. www.kigepe.or.kr

직업상담사 같은 경우는 한국산업인력공단에서 자격을 관리하는 국가자격증이긴 하나 심리상담의 영역이라고 보지는 않는다. 노동시장에서 인력을 모집하고 적절한 일자리를 소개 또는 파견하는 업무를 수행하며 상담의 기본원리와 기법을 바탕으로 구직자를 상담하고 직업적성검사와 흥미검사를 실시 및 해석하는 역할을 하는 직업이다. 그러나 현실적으로 고용시장에서 담당하는 실제 업무를 보자면 행정 업무를 담당하는 경우가 대부분이다.

Q3
정규상담사가 되는 데 걸리는 시간은 몇 년 정도인가요?

심리나 상담 관련 대학의 학사 학위만으로 정규상담사가 되기는 쉽지 않다. 물론 대학 졸업 후 사회복지나 심리상담 관련 분야에 취업해서 오랜 기간 다양한 경력을 쌓으면 그 기관에서 상담사의 역할을 할 수도 있다. 그러나 활동할 수 있는 영역에 한계가 분명히 있다. 현재는 취업요건에 특정한 자격증이나 석사학위 이상을 요구하는 기관이 많아졌다.

상담 관련 대학원에 진학하여 석사학위 과정에서부터 자격 관련 준비를 차근차근 진행하면서, 학기 중간에 기관이나 센터에서 자원봉사형식의 보조 상담사로서 경험을 쌓는다는 가정을 해보자. 이 경우는 석사 취득 후 2년 내 다양한 분야에서 상담사 취업이 가능하다. 이런 경우는 대학 과정을 포함하여 7~8년 시간이 걸린다고 볼 수 있다. 심리상담 분야는 매우 다양해, 본인의 자격 요건에 따라 취업할 수 있다. 경력이 쌓이고 취득하는 자격증이 달라지면 점차 본인이 더 선호하는 분야로 이직하게 된다.

상담학이나 심리학으로 학사학위가 있다면 교육대학원에 진학하여 전문상담교사 2급 자격을 취득할 수도 있다. 가장 짧은 시간 내에 상담사로 일하는 방법이다. 한 예로 상담학을 전공한 사람이 교육대학원에 진학해 2년간의 과정을 수료하면 자동으로 전문상담교사 2급을 소지하게 된다. 그 후 한 번에 임용고시에 합격한다면 국공립 초·중·고에 배치를 받게 되고, 임용고시에 불합격하더라도 기간제나 계약직으로 교육청 산하 기관에서 일할 수 있다. 4년제 대학 졸업 후 짧게는 2년 반 혹은 3년 만에 상담사로 일하게 되는 것이다.

타 전공으로 학사학위를 가지고 있는 사람의 경우, 학점은행제를 통하여 심리학 전공과목요건을 채울 수 있다. 그러면 4년제 심리 전공자와 마찬가지로 교육대학원 진학이 가능하다. 전공과목 이수여부에 따라 기간이 달라질 수 있겠지만 대학진학보다 시간이 자유롭고 비용이 저렴해서 쉽게 시도할 수 있다.

심리상담사의 일자리

심리상담사를 꿈꾸고 공부하는 사람들도 결국에는 취업이라는 문을 통과해야 한다. 상담사를 채용하는 기관은 무척 다양하다. 또한 최근 정책적으로 국민의 심리 건강에 관심이 생기면서 심리상담사를 필요로 하는 곳이 점점 늘어나는 추세라고 볼 수 있다. 물론 심리상담사는 공부해야 하는 시간이 길어서 소위 가방끈이 긴 직업이다. 노력한 시간에 비해 급여가 결코 높은 편은 아니지만, 꾸준히 일할 수 있다는 장점이 있다.

상담사의 일자리는 국가기관이나 지자체 산하에서 운영되는 센터인 경우가 많다. 교육부, 보건복지부, 여성가족부, 고용노동부, 국방부, 법무부 등 다양한 부서에서 상담사를 필요로 한다. 기업체에서는 전속 또는 위촉상담사를 두기도 한다. 개인상담실에서도 심리상담사를 비정기적으로 채용할 수 있으며 본인이 직접 개인상담실을 운영할 수도 있다. 여성가족부 산하의 다양한 기관에서도 상근직 상담사나 객원상담사, 청소년 동반자 등 비상근으로 일하는 심리상담사를 채용한다.

예를 들어, 초·중·고등학교 Wee 클래스와 Wee 스쿨, 대학상담센터, 대학경력개발센터, 대학성폭력상담센터는 모두 교육부에 소속된 기관이다. 보건복지부에서는 정신건강복지센터를 통해 지역에서 건강관리와 관련된 다양한 업무를 수행한다. 사회서비스 기관이나 비영리 단체, 사회복지사업단 및 복지관, 자살예방센터, 중독통합관리센터, 인터넷중독센터 및 대학병원도 보건복지부에 소속되어 있다.

특히 여성가족부에서는 가족 서비스를 위한 다양한 기관을 시군구, 전국단위로 설치·운영하고 있다. 가족센터와 청소년상담복지센터, 학교밖청소년지원센터, 청소년쉼터, 해바라기센터 등에서 상근직과 비상근직 상담사를 채용하여 상담서비스를 제공한다. 고용노동부 산하의 근로복지공단에서도 근로자의 업무 스트레스와 심리적 어려움에 대한 상담을 위해 심리상담사를 채용한다. 이 외에도 장병들의 병영 생활을 돕는 국방부의 군 상담사, 강력범죄피해자의 회복을 지원하기 위한 법무부 산하의 스마일센터에서도 상담사가 필요하다.

취업 분야로는
어떤 곳들이 있을까요?

상담사의 취업분야는 다양하다. 자신이 선호하는 상담영역을 안다면 취업처를 선택하여 지원하기가 훨씬 수월하다. 먼저 어떤 상담분야가 있는지 살펴보고 그중에 가장 호기심이 생기는 곳을 알아보는 것도 좋은 방법이다. 상담사들의 취업분야는 다음과 같다.

학생상담분야

공교육 제도 안에 있는 초·중·고·대학생뿐만 아니라 학교 밖 청소년 등 다양한 학생들의 건강한 심리적 성장을 위한 상담을 진행한다.

Wee 클래스 · Wee 센터 · Wee 스쿨

공교육 기관인 초·중·고등학교에는 Wee 클래스, 지역교육청에서는 Wee 센터, 시·도 교육청에서는 Wee 스쿨을 운영하고 있다. 전문상담교사뿐 아니라 청소년상담사나 학회 자격증을 소지한 상담사, 임상심리사, 사회복지사 등을 채용한다.

청소년상담복지센터

전국에 240여 개의 청소년상담복지 센터가 운영되고 있으며, 중앙기관으로 한국청소년상담복지개발원이 있다. 청소년상담복지센터는 청소년상담사, 학회 상담 자격증을 취득한 석사 졸업생들을 대상으로 풀타임으로 근무하는 상담 직원과 전일제 동반자, 파트타임으로 근무하는 시간제 동반자를 채용한다.

소년원 · 소년분류심사원 · 청소년비행예방센터

법무부 소속 소년원 · 소년분류심사원, 청소년비행예방센터의 분류심사 및 상담조사요원 호직 공무원 9급 으로 근무할 수 있다. 자격 기준은 임상심리사 2급, 중등 상담 2급 정교사, 전문상담교사 2급 이상 자격증 소지자에 한해서 특별 채용한다.

국립중앙청소년디딤센터 http://nyhc.or.kr

여성가족부가 설립한 거주형 치료 · 재활 시설이다. 청소년들은 센터에 입교하여 숙박하면서 개인 및 집단상담, 진로 탐색 및 자립 프로그램, 대안 교육 등을 받는다. 개인상담과 집단상담을 담당하는 상담사를 강사로 채용한다.

대학교 학생상담센터

대학마다 대부분 재학생을 위한 상담서비스를 제공하는 기관을 운영하고 있다. 일반적으로 심리상담을 제공하는 학생상담센터와 취업 및 진로 지도를 주로 제공하는 경력 개발센터, 성희롱 및 성폭력 상담을 제공하는 성폭력상담센터를 운영한다. 학생상담센터는 청소년상담사나 학회 자격증 취득자를 채용한다.

매체 상담

매체 상담은 전화 상담과 사이버 상담으로 나뉜다.

청소년상담 1388 www.1388.go.kr

위기청소년 상담 및 복지지원이 필요한 청소년을 발굴하는 상담 채널이며, 상담 관련 석사학위 소지자나 관련 자격증 소지자를 채용한다. 국번 없이 1388로 전화하면 상담센터의 상담원에 연결되며 2024년 7월부터 청소년을 위한 다양한 온라인 상담서비스가 통합 운영되고 있다.

중독상담

누구나 손쉽게 매체를 활용하는 시대다. 그만큼 중독이 되기도 쉽다. 중독의 유형으로는 인터넷, 게임, 도박 등이 있다. 다양한 종류의 중독_{알코올, 약물, 도박, 인터넷 등}으로 고통받는 사람들을 돕는 전문적인 상담 분야이다.

미디어예방중독센터 · 청소년상담복지센터

청소년의 핵심 문제 중 하나인 인터넷 중독을 해결하기 위해 전국적으로 미디어예방중독센터를 운영한다. 청소년상

담복지센터는 시·도 예산으로 운영되며 전국에 약 160여
개의 기관이 있다.

한국지능정보사회진흥원 스마트쉼센터

한국지능정보사회진흥원은 과학기술정보통신부 산하 기
관으로 부설 상담기관인 스마트쉼센터를 전국 18개 지역
에 개설하였으며 인터넷중독전문상담사를 채용한다.

지역 아이윌센터 (I WILL CENTER, 인터넷중독예방상담센터)

지역 내 아동·청소년의 인터넷 사용 유형과 수준에 따라
상담, 교육, 다양한 활동 프로그램을 진행한다.

게임과몰입 상담치료센터-게임문화재단

수도권, 영남권, 호남권에 설치되어 있으며, 상담치료센터
에는 정신보건 임상심리사, 상담사를 채용한다.

한국마약퇴치운동본부

마약류 중독예방과 퇴치를 위한 다양한 교육 및 프로그램
을 운영하며 상담관련 전공자나 심리상담사를 채용한다.

보건복지부 산하 중독관리통합지원센터

전국 각지에 있는 중독관리통합지원센터에서는 알코올,
마약, 도박 등 다양한 중독 문제에 대한 상담과 치료 지원
을 제공하며 임상심리사나 상담관련 전공자를 채용한다.

군 상담

우리나라 군에는 병영생활전문상담관이라고 불리는 군 상담사가 있다. 국방부는 장병 등의 군 복무 부적응을 해소하고 자살 등 각종 사고 예방을 위해 2005년부터 민간 전문상담사를 '병영생활전문상담관'으로 채용했으며, 현재 전군에 660명이 활동하고 있다.

국방부의 채용공고에 따라 기간제 근로자로 채용된다. 2024년 5월 관련 법 개정으로 병영생활전문상담관이 기간제 근로자로 채용된 후 공무직 근로자로 전환하는 기간을 최대 5년에서 2년으로 단축하여 상담관의 고용 안정을 보장하였다.

가족상담 및 부부상담

생애 주기에 따라 발생하는 가족 내 다양한 갈등을 해결하기 위하여 부모-자녀 간, 부부간의 가족 관계 개선을 위한 상담을 제공한다.

가족센터

여성가족부 산하 기관으로 전국적으로 분포되어 있으며 각 시·군·구에 설립되어 있다. 가족 상담과 부부 상담, 이혼 전후 상담, 1인 가족 상담, 다문화 상담 등을 실시하는 객원상담사를 비상근으로 위촉한다.

법원

가정법원에는 가사 전문 상담위원이 비상근으로 근무하면서 이혼위기 부부를 상담할 수 있다. 상담 관련 학과 석사이상으로 상담 관련 자격증을 소지하고 있으며 관련 업무 3년 이상의 경력자를 선발한다.

성폭력 · 가정폭력 상담

신체적, 정신적 학대와 폭력으로 정상적인 가정생활을 영위하기 어려운 피해자에 대한 상담과 보호, 치료 및 회복을 지원하는 상담이다.

가정폭력상담소

가정폭력 상담소는 현재 가정폭력 피해자를 보호 · 지원하는 일반상담소와 가정폭력 · 성폭력 피해자를 함께 지원하는 가정폭력 · 성폭력 통합상담소로 나뉘어 운영되고 있다. 여성가족부는 98개인 일반상담소의 갯수를 줄이고 통합상담소를 늘이는 방안을 추진중이다. 2024년 5월, 서울, 부산, 대전, 울산, 경기에 여성폭력 통합지원 시범사업을 시작하였다.

여성 · 아동폭력피해 중앙지원단

(재)한국여성인권진흥원이 여성가족부로부터 위탁받아 운영하고 있으며, 전국 여성 · 학교폭력피해자 원스톱지원센터, 해바라기 아동센터, 해바라기 여성 · 아동센터를 총

괄 지원한다. 주 업무는 성인 성폭력 피해자와 성폭력 피해
아동·청소년의 심리치료, 부모 상담 및 치료, 예방 교육이
다. 세 군데 기관이 중복되는 서비스가 많기 때문에 순차적
으로 '해바라기센터'로 명칭개편이 이루어지고 있다.

기업 상담

상담전문가를 채용해서 자체적으로 상담실을 운영하는 방
식과 외부 기관과 협약을 맺어 직원 상담을 의뢰하는 방식
이 있다. 기업 상담은 직원들의 복지 증진과 업무 효율성
을 위해 점점 수요가 증대되고 있는 분야이다.

프리랜서 상담

프리랜서는 개인의 역량에 따라 상담, 슈퍼비전, 자문 및
컨설팅 등 다양한 활동을 할 수 있다. 지역의 기관들과 정
기적으로 일하며 내담자들을 상담한다. 자신의 전문 분야
가 있다면 그만큼 찾는 사람과 기관이 많아진다. 경력이
쌓이게 되면 상담실을 개소해서 상담을 할 수 있다.

Q2
심리상담사 채용과정은
어떻게 진행되나요?

채용과정은 일반 구직자들의 채용과정과 크게 다르지 않다. 대부분 서류전형과 면접 등으로 이루어진다. 심리나 상담 전공자들이 석사졸업 후 많이 지원하는 학생상담센터의 상담사 구인 공고의 예시이다.

△△대학교 학생상담센터 상담사(계약직) 신규채용공고

- 업무 내용: 학생상담, 각종 심리검사 및 교육프로그램 지원, 기타 행정 업무
- 자격 요건
 1. 심리상담 관련 석사학위 이상 소지자
 2. 다음 자격증 중 1개 이상 소지자
     가. 여성가족부 청소년상담사 2급 이상
     나. 한국상담심리학회 · 한국심리학회 상담심리사 2급 이상
     다. 한국상담학회 전문상담사 2급 이상
 3. 병역필 또는 면제자
 4. △△대학교 임용 규정상 결격사유가 없는 자
- 우대사항
 1. 대학 및 행정기관 상담 업무 관련 유경험자
 2. 컴퓨터 관련 자격증 소지자 및 한글, EXCEL, PPT 활용이 가능한 자
 3. 보훈 대상자 및 장애인은 관계법에 의해 우대함

4. 근무조건

    가. 계약기간: 임용일로부터 1년(평가에 따라 계약만료 후 1년 재임용 가능)

    나. 근무장소: △△대학교 학생상담센터

    다. 보수기준: 대학 자체 기준에 의함.

    라. 근무시간: 주 5일 근무, 09:00~18:00 (중식 12:00~13:00 포함)

    마. 후생복지: 4대 보험(국민연금, 건강보험, 고용보험, 산재보험)

심리상담사를 채용하는 기관이나 센터에서는 대부분 공지사항을 통해 상담사를 공개 채용한다. 채용공고에 따라서 서류접수를 하고 나면 서류합격자에 한해서 개별면접을 통보를 받는다. 면접에 통과하면 채용된다고 볼 수 있다.

Q3
외국어 성적이나 교육 이수 등
추가로 필요한 요건이 있을까요?

심리상담사를 모집한다는 채용공고의 자격 요건을 보면 주로 다섯 개의 자격증 중 일부를 요구하는 경우가 대부분이다. 이 자격증은 청소년상담사, 상담심리사, 전문상담사, 전문상담교사, 임상심리사이다. 채용 분야별로 부수적인 자격증이 필요할 때도 있다. 성폭력을 상담하는 기관에서 성폭력 교육 이수증을 요구하기도 하고, 사회복지 기관에서 사회복지사 자격증을 필수조건으로 두는 경우도 있다. 인터넷 과몰입을 전문적으로 상담하거나 도박, 금연 등 중독 관련 상담 업무에서는 그 분야의 이수증이 필요하다. 이런 특수한 자격증은 교육과 시험을 통해 1년 안에 취득할 수 있다. 행정 업무비율이 높은 기관에서는 컴퓨터 관련 자격증을 원하기도 한다.

상담 업무에 어학 자격증이 직접 필요하지는 않지만, 한국에도 점차 다문화 가정이 늘고 있고 결혼이민자 이외에도 다양한 국적의 외국인들이 한국에 살고 있으므로 외국어를 구사할 수 있다면 상담사로서 좀 더 확장된 영역에서 일할 수 있을 것이다. 소위 '빅 테크'라고 불리는 IT분야나 제조업 분야의 EPA 바우처 기업상담에서는 외국인 근로자들이 상담을 요청하기도 한다. 지역사회 특성상 외국인들이 많이 거주하는 지역도 있다. 실제로 외국인 아내를 둔 남편이 부부 상담을 신청하여 상담한 적이 있었고 기업상담의 일환으로 연계된 업체에서 영어상담을 진행한 경험도 있다. 틈틈이 공부한 영어로 상담에 활용할 수 있으니 보람 있는 일이었다.

이 외에도 노인이나 아동을 상담할 때는 다양한 매체를 사용하기도 한다. 특히 집단상담을 할 때는 대상자에 맞게 점토나 원예, 미술용품 등을 활용하기 때문에 미술치료에 대한 교육을 이수하는 것도 도움이 된다. 노인을 대상으로 집단상담을 할 때 생화를 이용한 적이 있었는데 꽃과 식물을 다루면서 훨씬 다양한 이야기들이 오고 갔던 경험이 있다. 도예를 이용한 집단상담도 진행했었는데 우울감이나 학교생활 부적응을 호소하던 학생들이 회기가 진행되면서 적극적으로 상담과정에 참여했다. 상담구성원들과도 친해지고 학교생활에 자신감을 얻는 등 긍정적으로 변화되었고 자신이 만든 작품에 대한 성취감과 자부심도 표현했다.

Q4
기관에서 일하는 것과 개인상담실을 여는 것은 어떻게 다른가요?

개인상담실을 열 때는 상담사의 상담경력이 충분히 있어야 한다. 다양한 내담자에게 적합한 상담서비스를 제공할 수 있는 실력의 뒷받침이 필요하다는 것이다. 지역사회의 다양한 기관과 협업할 수 있는 네트워크가 있으면 상담실을 운영하는 데 도움이 된다. 현재까지는 상담실을 여는 것이 신고제이므로 특별히 요구되는 자격증이 있는 것은 아니다. 다만, 상담실을 운영하기 시작하면 경영과 관련한 고민이 더해지기 때문에 쉽게 결정할 수는 없는 일이다. 심리상담 관련 대학원 이상의 학위를 소지하면서 일정 기간 수련을 받고 다양한 기관에서 대면 상담경험이 쌓였을 때 비로소 상담실을 고려하게 된다.

기관에서 일한다는 것은 상담 관련 학위를 받고 자격증을 취득한 후 취업했다는 의미이다. 상담 케이스를 맡아 진행하면서 기관에서 요구하는 행정 업무를 병행한다. 각 기관에서 운영되는 시스템이나 보고체계, 상담일지의 형식이나 월별 사업내용 등이 달라 업무에 적응하는 데 시간이 걸릴 수 있다.

두 개의 기관을 모두 경험해 본 느낌을 표현하자면 업무 분위기는 개인상담실이 훨씬 자유롭다. 상담사로서 자신의 역량을 다양하게 펼칠 수 있는 장점이 있고 상담 스케줄을 조정하기가 수월해서 개인적인 시간을 갖는 것도 가능하다. 하지만 경제적인 면을 놓고 보면 일정한 수입구조를 마련하는 게 쉽지 않다. 따라서 지역사회 기관과의 정기적으로 연계되어야 하고 상담실에 방문한 내담자들 외의 수입처가 있어야 한다. 안정적인 수입을 위해 외부 강의나 프로그램을 진행하거나 아동을 대상으로 하는 바우처 프로그램을 한 두 가지 실시하는 것도 고려할 수 있다.

Q5
평균적인 은퇴 시기가 있나요?
보통 은퇴 후 어떤 일을 하나요?

센터나 기관의 정년은 다른 기업체와 비슷하다. 상담이라는 분야가 직업으로 정착한 지가 그리 오래되지 않았기 때문에, 기관이나 센터에서 상담사로 정년을 마치고 은퇴하신 분들이 많지는 않다. 물론 센터장이나 각 기관에서 비상근을 겸임하는 기관장, 전문상담교사분들 중에는 거의 정년에 임박한 분들도 있다.

사회복지와 관련된 분야의 정년은 만 60세이고 대부분의 상담기관, 즉 보건복지부나 교육부, 여성가족부 산하의 기관이나 단체도 이 나이를 따르고 있다. 그러나 정년의 나이가 지났다고 하더라도 상담사는 계속 공부하면서 임상의 경험을 쌓아갈 수 있고, 오히려 상담사로서 노련해진다. 따라서 은퇴 연령에 도달하더라도 개인상담실을 열고 내담자를 대할 수 있다는 점에서 일반적인 직업과는 조금 다른 면이 있다.

이런 특성으로 인해 뒤늦게 대학원에 진학해서 공부하는 만학도의 비율이 높은 편이다. 다른 직종에서 이른 퇴직을 한 후에도 심리상담사라는 새로운 영역에 도전하는 사람들도 적지 않다. 기관에서 상담사로 일을 하다가 은퇴한 뒤에 개인상담실을 개소하거나, 법원에서 일하기도 하며 지역사회에서 상담자원봉사를 하는 분들도 있다.

3 심리상담사의 생활

초·중·고등학교에서는 매년 정서 행동에 대한 검사를 통해 우울감이나 자살위험이 있는 학생들을 가린다. 검사결과에 따라 다양한 상담과 프로그램을 통해 학생들을 관찰하고 도움을 주게 된다. 해당하는 학생들에 대한 집단상담은 Wee 클래스 상담교사의 재량에 따라 외부전문가에게 의뢰하기도 하는데 대부분 개인상담실을 운영하는 심리상담사들이 이런 일을 맡게 된다.

몇 년째 집단상담을 진행하는 중학교에 올해도 방문하게 되었다. 상담실이 있는 곳에서 그 중학교까지는 한 시간이 꼬박 걸리는 거리이다. 도시 외곽에 위치해 있기 때문에 평소에는 거의 가지 않는 동네다. 게다가 대부분 학생이 기숙사 생활을 하는 학교라서 주변에 별다른 건물도 없다. 오고 가면 한나절이 족히 걸리는 거리임에도 불구하고, 매년 그 학교를 찾는 발걸음이 가벼운 이유는 아름다운 풍경을 둘러볼 수 있기 때문이다.

집단상담에 참석하는 학생들이 해마다 바뀌고 학생들과

나누는 이야기가 매번 달라지는 것도 신선하지만, 시시각 각 달라지는 자연의 모습을 보면서 오가는 기쁨도 쏠쏠했 다. 상담은 사람과 사람이 만나서 이루어지는 것이므로 상 담사가 어떤 감정과 상태로 내담자를 대하느냐가 상담과 정에 영향을 미친다. 상담시간보다 일찍 도착해서 탁 트인 바다를 보며 내 마음을 먼저 환기하고, 잠시 뒤에 만날 학 생들의 순수한 모습을 떠올리다 보면 저절로 머리가 맑아 졌다.

한 아이를 볼 때 큰 거목을 품고 있는 씨앗으로 바라보라 는 노학자의 말을 되새기면서, Wee 클래스의 문을 열고 들 어갔다. 볼멘소리로 투덜대기도 하고 금세 웃기도 하는 사 춘기 학생들의 목소리가 바다에서 들리는 파도 소리처럼 청량하게 들렸다. 상담사는 다양한 사람을 만나고 사람들 을 통해 성장한다. 그들의 이야기를 듣는 이 직업은 정말 매력적이다.

Q1
동료들과의 평소 분위기나
조직문화는 어떤가요?

상담사가 일하는 곳은 다른 조직과 마찬가지로 기관장과 팀장, 그리고 팀원의 형태로 이뤄져 있다. 직장의 분위기는 기관장이나 센터장이 어떤 성향인지, 함께하는 직원들이 어떤 사람들인지에 따라 천차만별인 것 같다. 상담사들 대부분 대학원 이상의 학위를 가지고 있어 행정직을 제외하고는 평균 연령은 높은 편이다. 대학 졸업과 동시에 대학원에 진학한 이들만큼이나 만학도의 수도 많아서 연령대가 다양하게 분포되어 있다.

상담사들은 일반적으로 타인에 대한 공감이나 배려가 많아 다른 직종에 비해서는 동료들과의 분위기가 따뜻한 편이다. 다만 교육청이나 국방부, 정부 기관에서 일하는 상담사는 그 조직의 문화를 따라야 하므로 일반 지역사회의 센터에서 일하는 사람들과는 다를 수 있다. 그러나 상담이라는 직업의 특성상 인간관계에 대한 훈련이 되어 있는 집단이므로 의사소통이 활발하고 경직되지 않은 분위기라고 할 수 있다.

소규모의 개인상담실을 제외하고는 상담 업무와 행정 업무를 병행해야 하므로 소속기관의 행정적인 절차에 따라 업무가 나뉘게 된다. 실제로 내담자와 대면 업무를 담당하는 직원이 있는가 하면 전화로 내담자를 모집하거나 프로그램 참가자를 접수하는 직원도 있다. 프로그램을 직접 진행하는 직원도 있고 외부 강사를 섭외해서 상담 프로그램 진행을 돕는 직원도 있다.

모든 사업과 프로그램은 문서화 되기 때문에 긴 시간의 행정 업무는 불가피하다. 교육청 Wee 센터의 경우는 교육청의 업무절차에 따라서 결제와 보고가 이루어진다. 사회복지사와 심리상담사, 임상심리사, 교육복지사 등 다양한 직함의 직원들은 업무영역이 나누어져 있지만 모두 교육청의 업무보고체계를 따른다. 사업계획서, 사업보고서, 상담보고서와 심리검사 절차, 예산의 집행 등이 여러 단위를 거쳐야 하고 정해진 보고양식을 사용한다.

보건복지부나 여성가족부 산하의 단체들도 상황은 비슷하다. 행정 업무가 일반 상담실과는 비교할 수 없을 만큼 많다. 특히 2~3년에 한 번씩 상위기관의 감사를 받게 되는데 몇 년간의 업무실적과 회계감사까지 준비하느라 해당 시즌에는 직원들이 며칠씩 야근을 한다.

상담사에게 주어지는
급여와 복지는 어떤 수준인가요?

최근 최저임금이 오르면서 조금씩 나아지고는 있지만 다른 업종에 비하면 상담사의 평균적인 임금수준은 낮은 편이다. 보건복지부나 여성가족부, 교육부 산하 기관의 신규 직원의 경우 1호봉이라는 가정하에 연봉 2400만 원 전후에서 시작한다고 보면 된다. 교육부 산하 기관은 다른 기관에 비해서 조금 연봉이 높은 편이다. 무기계약직으로 전환된 뒤에 계속해서 근무환경이 상향되었기 때문이다. 국방부 소속의 병영 생활 전문상담관의 경우는 안정된 근무환경과 3500만 원 정도의 연봉이 책정되어 있다. 다른 기관에 비해서 높은 연봉이다.

개인상담실을 운영하는 상담사의 경우 본인의 역량에 따라서 수입은 천차만별이다. 하지만 상담사 한 사람이 상담할 수 있는 인원에는 한계가 있다. 개인상담실은 상담만으로 운영하기보다는 외부 강의나 바우처 사업 등을 통해서 고정적인 수입을 확보해야 한다. 유료기관의 상담비용 또한 천차만별인데, 국가에서 제공하는 바우처의 경우 5만 원부터 책정되어 있고 상담사의 전문성과 역량에 따라 비용이 늘어난다. 개인상담실의 상담사들은 기본적으로 상담의 경력이 길고 지역사회의 다양한 기관에서 일했던 경험이 있다. 그 경력을 활용해 상담 외의 외부교육이나 강의를 진행하면서 수입을 얻는다.

상담사에게 주어지는 복지는 상담기관마다 다르지만 보통 상담사들의 수련을 지원해 주는 것이 복지라고 할 수 있다. 학회 자격증을 준비하는 상담사들을 위해서 학회에 소속된 슈퍼바이저를 기관으로 초대하여 사례발표나 슈퍼바이징을 받게 한다거나 외부교육에 참여할 수 있도록 시간을 배려해 주는 것도 하나의 복지다. 기관에 따라서는 상여금과 자격 수당, 명절비 등을 지급하기도 한다.

Q3
상담이 없는 날에는
시간을 어떻게 보내시나요?

개인상담실을 운영하면서 가장 좋은 점을 손꼽으라면 상담이 없는 시간을 자유롭게 쓸 수 있다는 것이다. 짧은 여행을 다녀오기도 하고 주변을 산책하며 나뭇잎이 짙어지는 계절을 제대로 느낀다. 물론 상담이 없는 날 상담실에 출근해서 일할 때도 있다. 밀린 보고서를 쓰거나 검사지를 정리하고 내담자의 파일을 보완한다. 간혹 상담실 간판을 보고 예약 없이 들어오시는 분들도 있는데, 그런 경우에는 당일에 초기상담을 진행하기도 한다.

하지만 일과 쉼을 구분한다는 차원에서 상담예약이 없는 날에는 되도록 상담실 외부에서 시간을 보낸다. 여유 있게 보내기로 마음을 먹고, 평소 읽고 싶었던 책 두세 권을 들고 집을 나선다. 동네 카페에서 한적하게 앉아있는 것이 마냥 행복하다. 쉬는 날이면 산과 바다가 가까운 곳에 살고 있다는 장점을 충분히 활용한다. 바닷가에 가서 멍하니 파도를 바라보며 복잡한 머리를 비워내고 규칙적인 파도 소리를 들으며 잠깐의 낮잠을 자는 일은 절대 포기할 수 없는 기쁨이다.

모든 계절마다 다른 색깔로 쉼을 주는 숲길이나 거의 모든 동네마다 마련되어 있는 작은 공원이나 하천 변의 산책로를 천천히 걷는다. 사람에 따라서 다르겠지만, 개인적인 취미활동에 열심을 내는 상담사도 있다. 여행을 가거나 공연을 보거나 등산이나 트래킹 등을 하기도 한다.

자기계발에 시간을 쓰기도 한다. 보수교육이나 재교육, 새로운 이론공부는 상담사들에게 숙제와도 같다. 최대한 상담일정을 교육시간과 겹치지 않게 조정을 하는데, 그러다 보니 쉬는 날에는 교육이나 학회에 참석하는 상담사도 많다. 특히 자격과정 중에 있는 상담사들은 각종 교육이나 연수를 받을 시간이 부족하므로 상담이 없는 날을 알뜰하게 활용한다.

심리상담사
네트워킹 및 취업 정보 사이트

채용정보는 관련 기관 홈페이지에 공지되므로 수시로 방문하여 확인해 볼 필요가 있다. 1차 공고 후에 모집이 되지 않으면 필수자격 기준을 변경하여 2차, 3차 공고를 내기도 하기 때문이다. 거주하는 지역의 다양한 기관을 미리 정해 놓고 알림 설정을 해 놓는 것이 좋다. 본인이 속해 있는 학회나 단체도 상담사 네트워킹의 하나이므로 눈여겨보자. 다양한 정보가 올라오기도 하고 구인정보뿐만 아니라 지원자격에 대한 정보를 얻을 수 있다. 교육청 홈페이지의 구인공고를 활용하면 좋다.

적극적으로 구직 활동을 하고 싶다면 사회복지 분야의 취업사이트인 '복지넷'과 고용노동부에서 운영하는 '워크넷', 그리고 심리상담 전용 사이트인 '심리야'를 수시로 살펴보길 바란다. 이곳에서는 사회복지 분야와 심리상담 분야의 채용정보를 전국단위로 볼 수 있다. 교육청 사이트에도 각급 학교에서 필요로 하는 심리상담사의 채용정보가 올라온다. 상담 관련 전공자들에게는 매우 익숙한 출판사인 학지사에서 운영하는 '학지사 에듀 카운피아'사이트의 '카운잡'에서도 다양한 채용정보를 볼 수 있다. '아이소리'몰 사이트는 사설센터의 공고나 프리랜서 상담사를 찾는 구인정보가 많다.

복지넷 www.bokji.net
워크넷 www.work.go.kr
심리야 www.simriya.kr
카운잡 www.counjob.co.kr
아이소리 www.isorimall.com

I am a counselor

Part 3 마음 흔들기

심리상담사의
도전

강의할 때 자주 인용하는 동화가 있다. 핑크 대왕 '퍼시'
의 이야기이다. 핑크색을 너무나도 좋아했던 퍼시 왕은 자
기 궁전의 모든 벽을 핑크로 칠했다. 식탁과 의자도 핑크
로 바꾸었고 옷도 핑크색만 입었다. 퍼시 왕의 핑크 사랑
은 여기에 그치지 않았다. 나라의 모든 색을 핑크로 바꾸
는 대공사를 시작한 것이다. 도로도 핑크, 집도 핑크, 가로
등의 색깔까지도 핑크로 바꾼 뒤에 퍼시 왕은 만족하며 행
복해했다. 기쁨에 겨워 하늘을 바라보는 순간 퍼시 왕은
깜짝 놀랐다. 하늘이 파란색이었기 때문이다.

"하늘을 생각 못 했다니. 하늘도 핑크색으로 바꿔야겠다.
온 나라의 기술자를 다 모으거라. 하늘을 핑크색으로 바꾸
는 사람에게 큰 상을 내리겠다." 전국에서 수많은 기술자
와 마술사들이 모였지만 하늘을 핑크색으로 바꿀 수는 없
었다. 고민을 해결하기 위해 퍼시 왕은 스승을 찾아갔고,
스승은 단번에 고민을 해결해 주었다.

그 비결은 "핑크색 안경"이었다. 핑크색 안경을 쓴 퍼시

왕은 평생 행복하게 지냈다. 퍼시 왕이 낀 핑크색 안경처럼, 모든 사람에게 삶을 긍정적으로 바라보는 안경이 있다면 얼마나 좋을까. 삶의 무게 때문에 상담실을 찾는 사람, 예기치 못한 사건으로 매일매일 고통받는 사람들, 자신을 둘러싼 온 세상이 깜깜하게 느껴지는 사람들에게 세상을 환하게 볼 수 있는 안경을 선물하고 싶다.

내담자를 처음 만나서 그의 상황을 듣고 라포를 형성하고 목표에 맞추어 상담을 진행하는 일은 상당한 노력과 에너지가 필요한 여정이다. 당연히 두려움도 있다. 머릿속에 있는 희미한 밑그림을 따라서 채색해야 하는 과정과 비슷하다. 내담자와 함께 하기 때문에, 중간에 수정도 필요하고 이미 칠한 곳에 덧칠해야 할 때도 있다. 내담자가 좀처럼 변화하려 하지 않거나, 예상치 못한 외부상황을 마주하는 등 변수가 생기기도 한다. 상담사로서 끊임없이 공부해야 하는 이유가 바로 여기에 있다. 슈퍼바이저의 도움도 필요하고, 주변의 동료들과도 계속 소통하며 성장해야 한다. 내담자에게 딱 맞는 안경이 무엇일지 고민하다가 그 답을 찾았을 때의 기쁨은 심리상담사가 계속 도전할 수 있는 원동력이 된다.

Q1
내담자와의 라포형성은
어떻게 시작되나요?

라포rapport는 주로 두 사람 사이의 상호신뢰 관계를 나타
내는 심리학 용어로써, 상담에 필수적인 요소이다. 라포의
사전적 뜻은 대화상대와의 감정적 연관성, 유사성, 친근감
그리고 상호신뢰를 바탕으로 형성되는 인간관계이다. 상
담에서는 내담자와 상담사가 서로 협조하여 의사소통하는
것이 중요한데, 라포는 이를 가능하게 하는 원동력이 된
다. 라포가 형성되면 내담자는 상담을 진행하는 동안 자기
생각과 감정, 경험을 편안하게 공유한다. 따라서 원활한
상담을 위해 라포를 형성하는 것은 매우 중요하다.

내담자가 상담을 신청하고 상담소의 문을 두드리는 데는
많은 용기가 필요하다. 상담사들은 이 사실을 항상 염두에
두고 있다. 내담자들이 긴장되고 반신반의한 마음으로 상
담소에 전화하는 순간부터 상담은 시작되는 것이니 말이
다. 그래서 상담사들은 상담실에 걸려오는 전화를 받을 때
많은 신경을 쓰고 공감을 한다. 전화의 응대에서부터 라포
가 형성되어야 하기 때문이다. 상담 신청 후 처음 상담실
에 방문하는 초기상담 때 라포형성 여부가 결정된다. 따라

서 처음 세션에서는 내담자에게 신체적, 정서적으로 편안한 공간을 제공하고 내담자가 긴장을 풀도록 유도한다. 잔잔한 음악이나 따뜻한 차, 그리고 조명에도 신경을 쓴다.

내담자의 한마디 한마디를 집중력을 발휘하여 듣고 눈을 마주치며 고개를 끄덕이며 공감과 이해를 표현한다. 내담자의 감정을 인정하고 공감하는 것이다. 대부분 내담자는 정성스럽고 진실하게 반응하는 상담사에게 마음의 문을 연다. 자신의 감정과 연결될 수 있다는 믿음이 생기는 것이다. 첫 회기 때 내담자와 신뢰를 쌓기 위해 전문적인 역량을 발휘하기도 하지만, 사실 라포형성은 점진적인 과정이다. 상담이 진행되는 동안 내담자에게 맞추어 속도를 조절하고, 인내심을 가지고 기다린다.

가끔 상담사는 라포형성을 위해 자기개방을 하기도 한다. 적절한 시기에 자신에 대한 관련 정보를 공유하는 것은 내담자가 상담사에 대해 친근감과 유대감을 형성하는 데 도움을 준다. 내담자는 '상담사도 일상을 살아가는 평범한 사람이고 나처럼 어려움을 겪는구나'라는 생각을 하면서 자신을 더 개방할 수 있다. 하지만 가장 중요한 건 상담사가 내담자의 회복과 성장을 위해 일관되게 노력하는 태도를 보이는 것이다.

청소년 상담에서는 특히 라포형성이 쉽지 않다. 몇 회기를 만나도 제대로 이야기를 꺼내지 않는 학생들도 있다. "몰라요.", "아니요." 이게 대답의 전부일 때도 많다. 청소년을 대할 때는 비판하지 않고 공감하는 것이 중요하다. 상담의 이야깃거리 또한 내담자인 청소년이 말하고 싶은 주제를 선택하고, 아이들이 관심을 가지는 것에 함께 공감한다. 신뢰할 만한 상담사가 자신에게 진심으로 관심이 있다는 것을 알게 되면 청소년들은 마음을 문을 서서히 열고 함께 라포를 형성하게 된다.

Q2
상담은 한 사람당
얼마의 기간을 진행하나요?

상담회기와 기간은 개인상담인지 집단상담인지, 유료상담인지 무료상담인지, 교육형태의 상담인지 치료목적의 상담인지에 따라 다르다. 정부의 지원을 통해 공적 영역에서 진행되는 무료상담의 경우는 보통 8회에서 10회기 정도라고 볼 수 있다. 여성가족부나 교육부 산하의 다양한 상담기관, 폭력이나 중독 관련한 트라우마를 다루는 기관, 법원 등의 경우가 이에 속한다.

국가 차원에서 국민의 마음 건강에 관심을 두면서 심리상담 바우처 서비스가 시행되고 있다. 다양한 지원이 필요한 취약 계층이나 심리적 어려움이 있는 사람들에게 다양한 사회서비스를 제공하는 '지역사회서비스투자사업'이 있는데 이 중에 심리상담 서비스를 제공하는 사업도 있다. 소득에 따라 이용 가능 여부가 결정되는 게 특징이다.

아동 · 청소년 심리지원서비스, 성인 심리지원서비스, 자살 위험군 예방서비스 등은 주 1회씩 최대 1년간 상담을 받을 수 있다. 최근 들어서 청년들을 위한 심리상담 바우처가 확대되었는데, '청년마음건강지원사업'의 경우 소득 분위와 상관없이 매우 저렴한 비용으로 상담을 받을 수 있다. 3개월간 10회기의 상담이 제공되는데, 자립준비 청년이나 보호 연장 아동, 그리고 정신건강복지센터에서 연계 의뢰한 청년 중에서 재판정이 필요한 경우 최대 12개월을 지원받을 수 있다. 2024년 7월 1일부터는 전국민 마음투자 지원사업이 시행되었다. 서비스 대상자는 4개월간 총 8회기의 상담을 받을 수 있다.

개인이 운영하는 상담실의 경우는 기간이 더 유동적이다. 단회기 상담을 포함한 4~5회기 정도의 단기상담도 있고, 1년 이상의 장기상담도 있다. 유료상담이기 때문에 초기 상담 때 내담자와 협의하여 상담회기를 정하게 된다. 상담사마다 다르지만 보통 5회의 단기목표와 그 이후의 장기 목표를 나눈다. 내담자의 주 호소 문제가 해소되고 상담의 목표가 달성되었다고 판단될 때 상담이 종결된다. 1년 이상, 30회기 이상의 상담이 진행될 때도 있다.

Q3
내담자가 가진 자원이나 힘을
어떻게 파악할 수 있나요?

상담 초반에는 무기력과 좌절로 인해 자신이 가진 역량을 전혀 말하지 못했던 내담자도, 상담을 받다 보면 점점 자신이 가진 자원이나 힘을 드러낸다. 내담자가 알고 있는 것도 있고, 미처 발견하지 못했던 자원도 있다. 이를 발견해서 인식하도록 돕는 것도 상담사의 역량이라고 할 수 있다. 상담과정에서 내담자의 자원을 파악하면, 상담사는 내담자가 이미 가지고 있는 강점과 능력을 활용하도록 돕는다. 이러한 과정을 통해 내담자는 문제 해결 능력을 향상할 수 있고 현실적이고 실질적인 목표를 설정할 수 있다. 내담자가 현재 처한 상황과 활용가능한 자원을 고려하여 달성 가능한 목표를 세우면, 상담과정이 더욱 효과적이고 성공적이게 된다.

심리상담에서는 내담자의 자원이나 장점을 확인하고 인정하는 것이 필수적인 측면이기도 하다. 심리상담사들이 사용하는 다양한 상담이론이 있는데 대부분 이론에서 내담자의 힘을 발견하도록 돕는 방법들을 제시하고 있다. 내담자를 상담하기 전에 상담사들은 심리검사를 진행한다. 상

133

담사마다 사용하는 심리검사는 다르지만, 이 검사결과를 토대로 내담자와 상담을 시작하게 된다. 검사지의 다양한 문항들은 내담자를 파악하는 데 많은 도움을 준다. 개방형 질문을 사용하여 최대한 넓게 내담자 주변 체계와 자원을 탐색한다. 본격적인 상담에 들어가서는 내담자가 내어주는 이야기에 공감하며 집중하는데 그때마다 예외 없이 이 내담자의 숨겨진 강점이 드러난다. 그게 상담이 가진 매력인 것 같다.

상담에는 다양한 이론과 접근방식이 있는데, 내담자의 강점과 힘을 파악하는 데는 해결중심접근이나 이야기 치료의 방법이 특히 탁월하다. 내담자가 과거에 잘 기능했던 부분을 발견하고 회복했던 힘을 깨닫는 것, 그리고 삶의 구석구석 녹아 있는 인정받았던 경험을 확인하는 것이다. 유능하고, 자신감이 넘치고, 회복력이 있다고 느꼈던 경험을 환기하며 내담자가 자신의 강점을 스스로 확인하도록 격려한다.

내담자의 강점을 찾는데 사용하는 또 다른 효과적인 방법은 감사 노트를 작성해 보는 것이다. 사소해 보이는 작은 일에서 '감사'라는 긍정적인 정서를 회복하면 내담자 스스로 주변의 자원이나 자신의 강점을 찾게 된다. 때로는 내담자에게 직접 묻기도 한다. 상담 초기에는 자신의 강점이 없다고 생각했던 내담자들도 상담이 진행되면서 자신의 강점을 스스로 인식할 수 있게 된다.

사전 검사 외에도 상담과정 중 다양한 검사지를 활용하여 내담자의 자원을 파악하는 방법도 있다. 이런 경우는 병리적인 현상을 파악하는 진단적 검사가 아닌 비진단검사를 활용한다. 적성검사나 성격유형검사, 관계유형검사 등을 통해 내담자를 입체적으로 파악하는 것이다. 혹은 가족의 피드백을 구할 수도 있다. 가족 상담을 통해서 가족 구성원의 강점을 서로서로 발견하도록 돕는 것이다. 이처럼 상담의 모든 과정은 내담자가 긍정성과 강점을 회복하는 과정이라고 볼 수도 있다.

Q4

코로나 블루로 상담실을
찾아온 사람들도 많이 있나요?

코로나는 사회의 여러 분야에 큰 영향을 끼쳤다. 사회적 관계는 축소된 반면 온라인상의 교류는 확대되었고, 많은 사람에게 스트레스, 불안, 우울, 고립감, 소심함 등 다양한 정서적 영향을 미쳤다. 현실에서는 분야별로 불황과 활황을 경험했다. 상담 분야도 마찬가지다. 개인상담실의 경우는 새로운 내담자의 발길이 뚝 끊겼다. 대신 계속 상담을 받아온 내담자들과 상담에 더 집중하고 몰입했던 것 같다.

고립된 시간이 많아지면서 상담에 관심을 보이는 사람들은 늘어났다. 하지만 '사회적 거리두기'의 영향으로 대면 서비스를 이용할 수 없자, 온라인상담을 많이 이용하게 되었다. 청소년의 온라인 상담창구인 '청소년 1338 상담 건수'에 따르면 2021년 8월까지 '정신건강' 항목의 상담 건수는 14만 1464건으로 월평균 1만 1788건이었다. 이는 코로나 팬데믹 전인 2019년에 비해 30% 증가한 수치라고 한다. 내용별로 보면 '정신건강' 관련 상담이 전체 상담의 24%로 가장 크게 차지한 걸 볼 수 있고 청소년의 자살 관련 수치도 증가한 것으로 나타났다.

나 역시 비대면으로 상담을 하고 강의를 진행한 적도 있었으나 그 효과는 대면 상담과 많은 차이를 보였다. 비대면 상담의 장점은 시간과 장소에 비교적 자유롭다는 것이다. 화상으로 내담자들을 계속 격려하고 점검할 수도 있었다. 그러나 언어적 비언어적인 표현을 모두 인식하며 상담하기에는 어려움이 많았다. 문자상담이나 전화상담도 마찬가지였다. 다만 답답한 마음을 비대면으로라도 해소하고 싶은 신규 내담자들이 비교적 손쉽게 상담을 접하게 된 것은 다행스러운 일이다.

청소년들이 공황장애나 우울 관련 질병으로 진단받은 수도 폭증했다. 국민건강보험공단의 '건강보험 특정 질병별 진료 현황'에 따르면 10대 공황장애 환자는 2020년 4582명으로 2019년 2248명에 비해 약 2배로 증가했다. 우울 관련 10대 환자 수도 지난해 2만 9718명으로 같은 기간 64% 늘었다. 청소년 시기의 심리적 어려움은 발달 이론상 전 생애에 걸쳐 부정적 영향을 줄 수 있어 청소년들의 심리안정을 위해 관심을 더 기울여야 한다.

청소년 외에 성인들에 대한 코로나의 정서적 영향도 계속해서 연구되고 있다. 2022년 12월에 발간된 '성인정신건강 심층 보고서' 결과를 보면 우울감은 남녀 모두 30세 이상에서 증가하였고 특히 30대 이상 남성의 우울장애 유병률이 높아졌다는 결과를 볼 수 있다.

코로나 기간에 온·오프라인으로 상담실을 찾는 사람들은 주로 다음과 같은 이유를 호소했다.

분류	내용
정서적 스트레스	코로나19 대유행으로 인한 불안, 스트레스, 우울증 등의 정서적 어려움
건강 우려	자신 또는 가족의 건강에 대한 우려로 인한 스트레스
사회적 고립	사회적 거리두기와 대인 접촉 제한으로 인한 고립감과 외로움
경제적 어려움	일 또는 소득 상실로 인한 경제적 어려움으로 발생한 스트레스

코로나 이후 상담서비스 및 정신건강 지원이 필요한 사람들을 위한 지원이 많이 확대되고 있다. 특히 서울시는 CO-VID19 심리지원단 홈페이지를 통해 심리안정 콘텐츠와 맞춤형 콘텐츠를 운영하여 코로나 19로 인한 심리적 어려움을 최소화하기 위한 노력을 하고 있다. 혹시 주변에 코로나 블루로 어려움을 겪는 사람이 있다면 이런 특화된 서비스와 지역 내 정신건강복지센터를 소개해 주기 바란다. covid19seoulmind.org

심리상담사의
노력

생명 존중 교육이나 인터넷 중독예방 교육에 대한 의뢰가
밀려오던 때가 있었다. 상담실에서의 개인상담과 학교에
서 하는 집단상담도 계획되어 있던 터라 시간을 조정하기
가 쉽진 않았지만, 조금 무리해서 교육안을 만들고 강의일
정을 추가했다. 학교 강의는 수업시간에 영향을 주지 않기
위함인지 1교시나 보충수업 시간에 일정이 잡혀 있는 경
우가 대부분이었다. 오전 8시 30분에 강의를 시작하기 위
해서는 한 시간 전인 오전 7시 30분 경에 도착하여 PPT와
마이크를 점검하고 강의준비를 해야 했다. 어떤 날은 담당
선생님의 출근 시간보다 일찍 도착해서 기다릴 때도 있었
다. 강당에 학생들이 줄지어 들어오면 선생님들은 시끌시
끌한 분위기를 조용하게 만들기 위해 앞뒤로 동분서주했
다. 그러나 교사들의 바람과는 달리 강의가 시작되기까지
는 꽤 오랜 시간이 소요되었다. 상담실에서 느낄 수 없었
던 왁자지껄한 분위기와 학생들의 소란스러움이 나에게는
오히려 역동적으로 느껴졌고 설레기까지 했다.

200명에서 300명 사이의 전교생을 강의에 몰입시키는 건 쉬운 일이 아니었다. 학생들을 집중시킬 수 있는 최신의 드라마나 동영상, 아이돌이나 게임 캐릭터까지 활용한 덕에 학생들의 호응이 좋았다. 강의 중간중간 학생들의 반응을 통해 그들의 관심사를 이해할 수 있었고, 평범한 학생들이 고민하는 문제에 대한 많은 데이터를 가지게 되었다. 단체강의를 마치고 나오는데 상담 선생님이 명함을 건네시며 인사를 하셨다. 다음 달에 계획된 학부모 강의를 부탁하기 위해서였다. 그렇게 자살 예방과 관련한 학부모 강의를 하고 난 뒤에는 집단상담에 대한 의뢰가 들어왔고, 총 4회기의 집단상담을 마치고 나자 다른 학교의 상담 선생님을 소개받았다.

실제로 심리상담사는 상담실에서만 일하지 않는다. 특히 개인상담실을 운영하는 심리상담사들은 지역의 다양한 기관들과 네트워킹되어 있다. 한번 인연을 맺은 기관과 계속 일할 수 있도록 강의나 상담, 프로그램을 충실하게 진행하면 심리상담사로 역량을 발휘할 기회는 확장된다. 같은 주제의 강의라도 똑같은 강의안을 가지고 진행할 수는 없다. 참여하는 대상의 나이에 따라 특성이 달라서 매번 새롭게 강의안을 만들고 자료를 보충해야 한다. 어느 날 의사소통에 대한 강의안을 세어보니 20여 개가 훌쩍 넘었다. 개인상담이나 집단 프로그램을 진행할 때도 마찬가지다. 새로

운 책을 읽고 필요한 교육을 추가로 듣는 일은 많은 시간
과 비용이 들지만, 내담자들에게 최선의 도구가 되기 위한
심리상담사로서의 당연한 노력이다. 이런 시간을 거치면
서 상담사의 역량도 커지기 마련이다.

Q1
평소에 따로 공부하면
좋은 부분이 있을까요?

상담사마다 자신이 선호하는 이론이나 학자 혹은 전문적인 분야가 있다. 발달이론을 선호하기도 하고 인지행동이론을 선호하기도, 특정한 학자가 연구한 기법에 집중하기도 한다. 평소에 자신에게 잘 맞는다고 생각하는 이론이나 기법들을 좀 더 심도 있게 공부하면 상담사의 지식적인 역량 강화뿐만 아니라 내담자들을 상담할 때도 도움이 된다. 사실 상담사들은 생각보다 다양한 전공을 배경으로 가지고 있다. 상담학, 심리학, 교육학, 가족학, 사회복지학 뿐만 아니라 음악이나 미술이 전공인 분들도 있다.

물론 대학원에서 상담 관련 분야를 전공하고 관련 자격증을 받기 위하여 여러 가지 공부를 했겠지만, 기본적인 심리학 이론이나 가족 및 부부와 관련된 연구 주제는 꾸준히 접하는 것이 필요하다. 기본적으로 심리학을 공부하면 개인이나 집단의 행동이나 감정, 인지 그리고 발달에 대한 이해를 얻을 수 있다. 현재에도 심리학 연구는 계속되고 있다. 꾸준한 공부는 내담자의 문제와 상황을 이해하고, 적절한 평가를 수행하는 데 도움이 된다.

가족에 관한 공부는 특히 중요하다. 내담자를 상담하다 보면 개인적인 환경에서 더 나아가 가족을 함께 다루어야 한다는 결론에 도달한다. 가족 체계나 부부간의 관계에 중점을 둔 가족 상담이나 부부 상담의 기술을 틈틈이 공부하면 좋다. 가족의 역할과 기능을 이해하고, 시스템이 어떻게 작동하는지 알게 되면 가족 내부에서 발생하는 갈등이나 의견 차이를 해결하기가 쉽다. 가족 내부나 외부의 스트레스가 개인이나 가족 관계에 어떤 영향을 주는지도 알게 된다.

최근 들어서는 가족에 대한 인식이 빠르게 변하고 있다. 가족치료이론의 황금기였던 1960년대~80년대의 상황과 지금은 아주 다르다. 따라서 최신의 연구 동향과 다양한 가족에 대한 접근방법을 꾸준히 공부할 필요가 있다. 특히 아동이나 청소년 내담자의 경우, 개인적인 개선이 있다고 하더라도 가족 간의 의사소통이 원활하지 않고 부모의 양육 태도가 강압적이거나 방임적이라면 다시 새로운 문제가 생길 소지가 많다. 상담을 통해 부모의 양육 태도가 개선되면 아동, 청소년 내담자의 상태도 확연히 좋아지는 것을 볼 수 있다. 가족이 개인에게 끼치는 영향이 크다는 건 아무리 강조해도 지나치지 않다.

대부분의 교육이 서울에서 열리기 때문에 상담사들끼리 하는 우스갯소리 중에 '지방에 사는 사람들이 상담공부를 하면 집 한 채 값이 든다'라는 말이 있었다. 그러나 코로나 이후로는 상담 관련 교육들도 온라인으로 개설되는 경우가 많아졌다. 길게는 4일 정도 오프라인으로 열리던 교육이 온라인으로 바뀌면서 접근성이 좋아지고 가격부담도 적어진 건 매우 다행스러운 일이다.

전공 분야 외에 추천 하고 싶은 것은 풍부한 독서이다. 다양한 삶의 모습을 책을 통해서 접할 수 있기 때문이다. 요즘은 종이책보다 영상을 통해 정보를 습득하는 것이 더 보편적인 것 같다. 워낙 정보가 많기도 하고 편리하기 때문이다. 물론 온라인에서 얻을 수 있는 정보가 유익하고 각 사람에게 맞는 다양한 방법이 있겠지만, 책에서 얻을 수 있는 통찰과 지혜는 여전히 값지다고 생각한다. 책을 통해 얻는 깨달음은 상담사가 성숙하도록 도와준다.

Q2
상담 전 풀배터리 심리검사,
어떻게 실시하나요?

운동하다가 발목을 삐거나 몸에 아픈 증상이 나타나면 병원에 간다. 병원에서는 증상의 원인을 정확히 알기 위해서 여러 검사를 한다. 체온을 재고 피검사를 하거나 엑스레이를 찍기도 한다. 아픈 원인을 찾고 다친 부위를 확인하기 위해서이다. 종합건강검진이라는 말을 들어보았을 것이다. 우리나라에서는 건강보험을 통해 2년에 한 번씩 20세 이상 성인에게 건강검진을 지원하고 있다. 이 제도를 통해 내 몸의 상태를 전체적으로 점검하고 진단해서 혹시 모를 질병을 미리 발견하기도 하고 결과에 따라 치료를 진행하기도 한다.

이와 유사하게 나의 마음 상태를 확인하고 보여주는 검사를 심리검사라고 할 수 있다. 실제로 상담실을 방문하게 되면 다양한 심리검사를 하게 되는데, 그 이유는 내담자가 호소하는 문제를 확인하기도 하고 그 정도를 파악하기 위해서이다. 심리검사에서도 '풀배터리'라고 하는 종합심리검사가 있다. 마치 종합선물세트나 패키지 같은 것이다. 신뢰도와 타당도가 검증된 심리검사를 교차적으로 실시해서 내담자의 상태를 확인하고 때로는 진단한다. 검사자격을 갖춘 전문가가 진행하고 해석함으로써 내담자의 심리 상태에 대한 전반적인 상태를 파악한다.

풀배터리 검사 (Full-Battery)

'종합심리검사'라고 불리는 풀배터리 검사는 아동 · 청소년 · 성인의 정서, 인지, 사고, 행동습관, 생활방식 등을 측정하기 위한 전체적인 심리검사를 말한다. 다각적 측면에서 현재 상황을 파악하여 문제를 살펴보거나 잠재적인 위험 요인을 살피는 데 도움이 되는 검사 모음이라고 볼 수 있다. 풀배터리 검사에는 웩슬러지능검사, 다면적인성검사, 문장완성검사, 그림검사, 벤더게슈탈트검사, 투사검사, 동적가족화검사 등이 포함된다.

웩슬러지능검사

흔히 IQ검사라고 알고 있는 검사이다. 언어이해, 지각 추론, 작업기억, 처리속도로 나누어 지능을 측정하는 검사로 잠재 학습능력, 행동 특성 등을 파악할 수 있다. 연령에 따라 유아용 K-WPPSI-IV, 아동용 K-WISC-V, 성인용 K-WAIS-IV로 나누어져 있다.

다면적인성검사 (MMPI)

성격, 정서, 적응수준 등을 다차원적으로 평가하는 검사로 566개 문항으로 이루어져 있다.

문장완성검사 (SCT)

미완성된 문장을 완성함으로써 지각, 태도, 성격특성을 알 수 있는 검사이다.

그림검사 (HTP)

집, 나무, 사람을 각각 그려 성격과 행동, 대인 관계 등을 파악하는 검사이다.

벤더게슈탈트검사 (BGT)

지각 왜곡의 징후 및 발달적 성숙과 관련된 시각-운동 능력을 측정하기 위해 고안된 검사이다. 간단한 기하학적 패턴이 그려진 9개의 카드를 한 장씩 차례로 보여주며 그것을 따라 그리게 한 다음, 여러 추가적인 단계를 거친 후 점수를 매기게 된다.

동적가족화검사 (KFD)

종이에 자신을 포함한 가족이 무언가를 하는 그림을 그린 후, 설명하는 검사이다. 가족 내에서 느끼는 주관적인 감정이 시각적으로 표현된다.

투사검사 (TAT)

구조화되지 않은 모호하고 애매한 시각 또는 언어로 자극했을 때 나타나는 개인의 반응^{해석}을 분석하는 검사이다.

로샤 검사 (Rorschach)

잉크 반점 카드를 보고 연상되는 것을 자유롭게 이야기하는 검사로 이 반응을 통하여 개인의 인지적, 정서적, 지적 특징 등을 알 수 있다.

풀배터리 검사 외에 실제로 심리상담에서 사용되는 심리검사는 매우 다양하며 각각의 검사는 특정 목적이나 상황에 따라 선택된다. 그리고 심리검사에는 반드시 자세한 해석과 설명이 뒤따라야 한다. 그래야만 검사결과를 토대로 자기 인식에 도움을 받고 긍정적인 방향으로 발전해 나갈 수가 있기 때문이다. 대부분 심리검사는 자기보고식 이므로 오류나 왜곡이 생길 수 있다. 이런 이유 때문에 상담사들은 검사결과나 수치만을 보고 평가하지 않으며, 직접 대면 상담을 진행하면서 평가 결과를 확인하게 된다.

Q3
상담 비용은
어떻게 책정되나요?

정부의 예산을 사용하는 공적인 기관에서 실시하는 상담은 미리 상담료가 책정되어 있다. 위탁으로 운영하는 기관도 사업비에서 상담비용이 차지하는 비율이 정해져 있다 보니 높은 수준으로 상담료가 지급되지는 않는다. 상담의 형태가 개인인지 가족인지, 일반 상담인지 위기 개입인지에 따라 프리랜서로 일하는 촉탁상담사에게 지급되는 상담료는 다르다. 적게는 5만 원부터 많게는 15만 원까지 지급된다고 볼 수 있다. 상담사의 경력이나 자격증 유무에 따라서 차등지급 되기도 한다.

개인이 운영하는 유료상담실의 경우 지역사회서비스의 하나인 바우처 지급 금액을 참고하면서 본인의 전문성을 고려하여 상담비용을 책정한다. 바우처 지급비용은 5만 원부터 시작되는데 상담의 전문성과 노력에 비하면 지나치게 낮은 금액이라고 할 수 있다. 그러나 바우처 제도를 통해 내담자를 모집하고 상담하는 구조이다 보니, 유료 내담자를 안정적으로 확보한다는 측면에서는 이점이 있다.

Q4
병원으로의 전원은
어떤 경우에 이뤄지나요?

상담과정에서 약물의 도움을 받아야 하는 경우도 많이 있다. 주의집중에 심각한 문제가 있거나 불안이나 우울감이 심한 경우, 자살 충동이나 불면증이 극심한 경우 정신건강의학과로 연계한다. 의사는 환자를 진단하고 적합한 약물을 처방하고 상담한다. 상담실에서 만나는 내담자 중에는 의사가 처방해준 약을 먹으면서 상담을 병행하는 사람들도 있다.

병원에서 일하는 상담사들은 내담자들이 어떤 약물을 복용하고 있는지 사전에 확인하고, 상담의 효율성을 위해 잘 복용하고 있는지도 점검한다. 의사와의 진료시간이 상대적으로 짧아서 약 복용과 관련된 사항을 상담사와 이야기 나누기도 하지만 되도록 복용하는 약물의 효능과 부작용 등의 질문은 진료시간에 의사에게 물어보도록 권한다.

3 심리상담사의 생각

오랜만에 친구들을 만났다. 사회에서 만난 친구들이라 전업주부도 있고 직업을 가진 사람도 있다. 일 이야기, 가족 이야기, 요즘 유행하는 드라마나 연예인 이야기로 대화가 무르익어 가는 찰나 누군가 입을 열었다. "그나저나 상담이 만병통치는 아니잖아? 답 없는 부부들 많이 출연하던데… 상담받는다고 그 사람이 변하겠어?"

그 말을 들은 다른 지인이 거들었다. "다 그때뿐이야, 사람 고쳐서 쓰는 게 아니라는 말도 있잖아" 다들 한마디씩 거드느라 갑자기 시끌시끌해졌다. 그러더니 시선이 갑자기 나에게 모였다. "자, 소장님 한 말씀 하세요. 그 부부 어떻게 될 것 같습니까?" 농담인지 진담인지 모르게 나에게 칼자루가 쥐어졌고 나는 손사래를 쳤다. "내가 어떻게 알겠어, 전 국민 앞에서 약속했으니 지키면 좋겠지…."

직접 그 부부를 상담하지 않은 이상 어느 것도 속단할 수 없다. 몇 년 전부터 다양한 상담 프로그램들이 방송되고 있는데, 상담 전후의 드라마틱한 변화와 전문가의 설명으로 된 프로그램도 있고 아예 실제 상담실이 노출되는 프로그램도 있다. 전문가가 직접 상담하는 과정과 심리검사 결과를 보며 일반인들은 상담에 친숙해진다. 하지만 그 과정은 짧게 편집된 극히 일부분의 장면이라는 것을 잘 모르는 것 같다. 시청자의 눈과 귀를 사로잡는 강한 멘트와 장면이 상담 과정의 전부는 아니다.

상담사가 던진 질문에 아무 말도 하지 못한 채 한 시간을 침묵으로 보내는 내담자가 있다는 걸 상상할 수 있을까? 상담사를 극도로 경계하면서 날카롭게 비판하는 내담자도 있고 반대로 모든 걸 상담사에게 의존하려는 내담자도 있다. 이 모든 과정을 거치면서 내담자는 성장한다. 화면에서 방송되는 것을 보면 마치 한두 번의 상담만으로 관계가 극적으로 변하는 만병통치약처럼 보일 수 있겠지만 그 속사정은 영 다르다. 절대로 한 두 번의 상담만으로 위기 부부가 잉꼬부부로 변할 수는 없다. 우울로 고통받는 사람이 단번에 열정적인 사람으로 거듭나지는 않는다. 변화는 마치 체중의 변화처럼 매일매일 조금씩 생겨난다.

Q1

MBTI와 애착유형 검사가
유행하는 이유는 무엇일까요?

몇 년 전 대학생들 사이에서 유행하기 시작하더니 이제는
남녀노소 할 것 없이 MBTI 열풍을 경험하고 있다. 원래
는 검사자격을 가진 상담사들이 비용을 받고 검사와 해석
을 하던 성격유형 검사였다. 언제부터인가 인터넷에서 간
편하게 답변할 수 있는 간이검사가 등장했고 짧은 시간 안
에 검사와 결과를 볼 수 있게 되었다. 각종 예능이나 드라
마 심지어 광고에까지 소재로 등장하는 걸 보면 정말 신기
할 따름이다.

MBTI Myers-Briggs Type Indicator 는 성격을 이해하고 분류하는 도
구이다. 이자벨 브릭스 마이어스Isabel Briggs Myers 와 그의 어머
니 캐서린 쿡 브릭스Katharine Cook Briggs 에 의해 개발되었는데,
이들은 융Jung 의 심리유형 이론을 바탕으로 일상생활에서
유용하게 활용하려는 목적으로 이 검사를 연구 개발하였
다. 개인이 쉽게 응답할 수 있는 자기보고식 문항을 통해
태도와 기능에 대해 각자 선호하는 경향들을 찾고, 이러한
선호 경향이 합쳐져서 인간행동에 어떠한 영향을 미치는
가를 파악하여 실생활에 응용할 수 있도록 제작된 심리검

사이다.

사람은 누구나 자기가 어떤 사람인지를 알기 원한다. 자기의 행동이나 감정에 대해 스스로 이해하지 못하는 부분이 있기 때문이다. 인터넷에서 쉽게 볼 수 있는 수많은 심리 테스트에 사람들이 관심을 두는 이유이다. 자신을 설명하고 드러내는 데에 많은 시간을 쏟지 않으면서도 혈액형처럼 명확하게, 알파벳 4개로 자기를 표현할 수 있다는 것이 바로 MBTI가 가진 매력이다.

기업이나 조직에서는 인사 관리, 리더십 개발, 팀 빌딩 등의 분야에서 MBTI를 활용하여 조직 구성원 간의 호환성을 개선하고 조직의 성과를 향상하는 데 사용하기도 한다. MBTI는 개인마다 태도와 기능에서 각자 선호하는 방식의 차이를 나타내는 4가지 선호 지표로 구성되어 있고, 내가 어떤 것을 선호하느냐를 조합하여 모두 16가지의 성격 유형이 제시된다,

MBTI의 유행에는, 비대면과 온라인 활용이 늘어나는 사회에서 최소한의 노력으로 나를 표현하고 상대가 어떤 사람인지를 알고자 하는 욕구가 숨겨져 있다. "나는 원래 이런 사람이에요. 내가 이렇게 행동하는 이유가 다 있기 때문이라고요. 나에게 편안하고 자연스러운 건 이런 겁니다. 그러니 나를 좀 이해해 주세요."라고 외치는 것이다. 이러

한 유행 덕분에 얻어지는 유익은 자기와 타인을 이해하게
된다는 것이다. 내가 선호하는 방식을 알게 되면 오히려
'상대가 이상하거나 틀린 것이 아니고 단지 나랑 다른 거
구나'를 인식하게 된다. 그러한 깨달음은 가까운 사람들과
의 관계를 개선하고 조절하는 데 도움이 된다.

하지만 그런 단편적인 매력을 앞세워 MBTI 유형에 대한
깊은 이해 없이 단순하게 성격을 표현하고 말하는 것은 조
금 우려스럽다. 실제로 MBTI 성격유형은 네 글자의 조합
으로 알 수 있는 주기능뿐만 아니라 부기능과 3차기능, 4
차기능까지 확장하여 설명해야 한다. 한국MBTI연구소에
서 실시하는 초급과 중급 그리고 전문강사 훈련까지 이수
한 전문가가 설명해주는 해석과 인터넷에서 실시하는 간
단한 약식검사의 내용은 너무 큰 차이를 보인다. 특히 대
중들에게 공개된 약식검사는 그 근거와 정확한 척도를 제
공하지 못하고 있음에도 불구하고 검사자의 대부분은 이
런 약식검사결과를 통해서 MBTI를 이해하고 있다.

MBTI의 유행으로 나와 타인에 대한 이해의 폭이 넓어진
것은 좋은 현상이지만 무분별한 잣대로 상대를 파악해서
는 안 된다. 매우 조심스럽게 다뤄야 하는 일이며, 특히 인
터넷으로 알게 된 약식검사와 그 결과로만 자신의 MBTI
를 알고 있다면 가까운 상담기관을 찾아서 제대로 된 검사
와 해석을 받아보는 걸 추천한다.

최근에 유행하는 또 다른 검사는 성인애착유형검사이다. 애착유형 검사는 관찰 예능프로그램에서 사용되면서 널리 알려지게 되었다. 아이를 키우는 부모의 양육 태도가 애착 유형에서 비롯되었고 이는 자녀 양육 태도뿐만 아니라 다 양한 대인 관계 패턴에 영향을 미친다는 것이다.

성인애착유형이란 개인이 가진 감정적 유대감에서 비롯된 관계 패턴을 말한다. 존 볼비John Bowlby 에 의해 개발된 후에 메리 메리 애인스워스Mary Ainsworth 와 다른 사람들에 의해 확 장된 애착 이론은 양육자에 대한 초기 경험이 성인기에 개 인들이 관계에 접근하는 방법에 영향을 미친다고 본다. 안 정형 애착, 불안형 애착, 회피형 애착, 혼란형 애착 이렇게 네 가지 유형으로 나눌 수 있다.

	자기긍정	자기부정
타인긍정	안정형 애착	불안형 애착
타인부정	회피형 애착	혼란형 애착

최근의 연구에서는 불안정 애착유형이 불안, 우울 같은 정 신적인 문제뿐만 아니라 신체 증상과 중독, 청소년기의 반 항이나 비행, 자살 위험성과도 연관이 있음이 밝혀지고 있 다. 실제로 상담현장에서도 양육 시기에 부모와 안정형 애 착을 이루지 못하면 이후에 청소년이나 어른이 되어서 어

떠한 형태로든 심리적인 문제를 나타낼 가능성이 높다는 것을 보게 된다.

먼저 자신의 애착유형을 아는 것이 필요한데, 상담실에서 심리검사를 받는 것이 가장 정확하겠지만 인터넷에도 애착유형을 검사해 볼 수 있다. 결과를 알았다면 자신의 애착유형이 현재의 대인 관계에 어떻게, 어느 정도로 영향을 미치는지 돌아보는 것이 필요하다. 자신과 상대방의 애착유형을 알고 어떻게 작용하는지를 이해함으로써 더 건강하고 안정된 관계를 형성하는 데 도움을 받을 수 있다.

여기서 주의할 점은 애착유형이 자로 재듯 엄격한 틀이 아니며, 개인의 상황에 따라 다양한 특징을 복합적으로 나타낼 수 있다는 것이다. 또 애착유형은 삶의 경험과 관계의 질에 따라 변화할 수 있다. 그래서 이러한 검사 도구를 사용할 때에는 결과를 과도하게 해석하지 않고, 그릇된 고정관념에 빠지지 않도록 주의해야 한다. 특히 인터넷에서 얻은 정보를 과신하지 말고 전문가에게서 정보를 얻는 게 유용하다.

MBTI나 애착유형 검사외에도 다양한 심리검사가 있다. 풀배터리 검사를 포함하여 일반적으로 BDI, STAI, BHS, GHQ, BAI, HAM-D 등을 사용한다. 선택된 심리검사는 평가하려는 대상과 평가목적에 따라 다를 수 있고 반드시

훈련을 받은 전문가가 진행해야 하며, 결과를 해석하는 데
는 더욱 세심한 주의가 필요하다.

검사명	내용
BDI (Beck Depression Inventory)	BDI는 우울증 증상을 평가하기 위한 검사로, 내담자의 우울 정도를 측정한다.
STAI (State-Trait Anxiety Inventory)	STAI는 상태와 특성 불안을 측정하는 데 사용되며, 개인이 특정 상황에서나 평소에 불안을 어떻게 경험하는지를 평가한다.
BHS (Beck Hopelessness Scale)	BHS는 절망적인 사고와 희망감 부족에 관련된 요인을 평가하기 위한 검사로, 자살 위험성을 평가하는 데 도움이 된다.
GHQ (General Health Questionnaire)	일반 건강 상태를 평가하기 위한 간단한 설문지로, 일상생활에서 겪는 스트레스 및 정신적인 문제를 파악하는 데 사용된다.
BAI (Beck Anxiety Inventory)	불안장애 증상을 평가하는 도구로, 환자의 불안 정도를 측정한다.
HAM–D (Hamilton Rating Scale for Depression)	우울증의 정도를 전문가가 평가하는 도구로, 주로 임상 평가에 사용된다

Q2
상담관찰 예능 프로그램이
일상에 주는 영향력도 있을까요?

상담관찰 프로그램이 일상에 주는 영향력이 매우 크다는 생각이 든다. 이런 프로그램이 많다는 건 실제로 많은 사람에게 상담이 필요하다는 뜻이기도 하다. 대중의 욕구가 미디어에 반영되는 현실을 생각해보면 알 수 있다. 전문가가 직접 진행하는 상담 프로그램도 있고, 관찰 예능이라는 형식을 빌려 전문가의 조언 하에 만들어지는 프로그램도 있다. 전문가는 아니지만, 삶의 연륜을 가지고 객관적인 조언을 해주는 사람들이 진행하기도 한다. 예전에는 자녀 양육의 방법을 알려주는 프로그램이 많았다면 지금은 일반적인 성인들을 대상으로 하는 상담 프로그램이 더 많아졌다.

TV 속 상담 프로그램이 평범한 사람들의 일상에 미치는 영향의 정도는 개인의 성격이나 경험, 그리고 프로그램의 출연자에 따라 다르겠지만, 대체로 좋은 영향을 준다고 생각한다. 가장 긍정적인 점은 TV 상담 프로그램을 통해서 사람들이 정신건강이나 인간관계, 그리고 내면에 대한 인식을 높일 수 있다는 점이다. 전문가가 제공하는 교육적인 내용은 프로그램에 참여한 내담자뿐만 아니라 시청자들에게도 다양한 문제에 대한 통찰력을 제공한다. 심리적인 안녕과 관련된 교육적인 내용도 제공할 수 있다. 시청자는 전문가들이 실시하는 솔루션을 통해 영감을 받고, 자신에게 맞는 방법을 찾으려는 적극성을 얻게 된다.

상담이나 치료를 받기 원하는 사람들이 직접 등장함으로써 상담에 대한 진입장벽이 낮아지는 효과도 있다. 미디어의 스토리텔링이 상담영역을 친근감 있는 이미지로 바꿔주어 상담에 대한 낙인이 줄어든다. 더 나아가 본인이 어려움을 겪을 때 선택할 수 있는 방법 중 하나로 상담을 떠올리게 되기도 한다. 예능이란 사람들의 이야기를 직접 다루는 다큐멘터리에 유익한 내용과 오락적인 흥미를 혼합한 것이다. 친근하고도 입담 좋은 연예인들이 등장해 자칫 심각할 수 있는 분위기를 유쾌하고 정감있게 바꾼다. 시청자들은 연예인 혹은 일반 출연자의 이야기에 감정적으로 연결되어 전문적이고 교육적인 상담 정보를 흥미롭게 받아들일 수 있다.

하지만 이 역시 우려스러운 부분이 있다. TV 상담 프로그램이 복잡한 심리적 문제를 지나치게 단순화하거나 비현실적인 해결책을 제시할 위험이 있다. 방송 분량의 한계로 몇 달간의 상담 내용이 극히 일부분 축소되어 방영되기도 한다. 방송을 보는 시청자는 이면의 이야기를 알 수 없어

도깨비방망이가 주어진 것처럼 하루아침에 문제가 해결 되었다고 오해할 수도 있다. TV 상담 프로그램은 오락적 인 목적으로 제작된 프로그램이기 때문에 실제 상담의 복 잡성을 충분히 나타내지 못할 수 있다는 것을 꼭 인식해야 한다.

다른 하나는 TV 프로그램의 상담내용을 자신에게 적용하 는 과정에서 잘못된 방법을 실천할 수 있다는 것이다. 상 담현장에서 상담사는 다양한 기법과 이론을 사용한다. 충 분한 이야기를 통해서 내담자에게 필요한 사례 개념화를 시킨다. 사례 개념화란 내담자의 문제에 대한 다양한 정보 를 바탕으로 문제요인들을 가설적으로 검토하고 이를 해 결하기 위한 상담 전략을 세우는 과정을 말한다. 따라서 다른 사람에게 맞춰서 제시된 솔루션을 나에게 함부로 적 용하다 보면 예상하지 못한 결과가 생길 수 있다. 다른 사 람에게 처방된 약을 증상이 비슷하다고 스스로 판단해서 오용하거나, 엄마에게 처방된 감기약을 아이가 먹게 해 남 용하는 것과 유사하다. 해결하기 어려운 심리적인 문제가 있다면 TV 프로그램의 정보에만 의존하지 말고 스스로 상담실을 찾아서 적극적인 도움을 받도록 해야 한다.

Q3
정서가 불안정한 주변 사람과
어떻게 잘 지낼 수 있을까요?

감정적으로 불안정한 사람들과 긍정적인 관계를 형성하는 건 쉬운 일이 아니다. 계속해서 많은 시간을 보내야 하는 주변 사람이나 직장 동료 혹은 가족이 감정적으로 불안정하다면 어려운 일이 아닐 수 없다. 여러분은 훈련받은 상담사가 아니므로 그들과 대화하거나 생활하면서 오히려 상처를 받는 일도 빈번할 수 있다.

가장 큰 원칙은 경계를 지키는 일이다. 경계를 잘 지킨다는 건 할 수 있는 것과 할 수 없는 것, 나의 것과 남의 것을 구분하는 원칙이기도 하다. 정서가 불안정한 사람들이 주변에 있다면 그들이 나의 생활 전반에 영향을 미치는 것을 최소화하는 게 필요하다. 두 번째 원칙은 경계를 지키기 위해서 때로 '그 사람과 잘 지내지 못할 수도 있다'라는 사고의 전환을 하는 것이다. 국가 간의 외교 마찰이나 전쟁의 예를 보더라도 내 경계를 침범한 상대와 잘 지낸다는 건 논리에 어긋난다. 이런 상대에게는 화를 내거나 명확하게 목소리를 높여 주장해야 한다.

이 두 가지의 원칙이 기본이지만 정서가 불안정한 가족이나 동료, 친구들과 큰 갈등 없이 지낼 수 있는 몇 가지 팁을 정리해보자면 다음과 같다.

평정심을 유지하기	감정적으로 불안정한 사람은 본인의 상황에 따라 예상치 못하게 감정 표현을 하므로 평정심을 유지하기가 쉽지 않다. 그러나 상대방이 표현하는 감정의 강도보다 낮게 대처하고 침착하게 말하면 상대방의 감정 표현수위도 조금씩 사그라들게 된다.
공감	공감이 가진 힘은 놀랍다. 상대의 감정과 관점에 완전히 동의하지 않더라도, 상대의 입장에서는 그럴 수도 있겠다는 마음을 표현하면 상대방은 나에게 신뢰감을 가지게 된다. 누구나 신뢰감이 생긴 상대에게는 자신이 가진 좋은 점을 드러내려고 한다.
적극적으로 듣기	판단 없이 주의 깊게 들어야 한다. 그 사람이 생각과 감정을 중단 없이 표현할 수 있도록 한다. 여러분이 들은 것을 다시 말해주면서 상대방이 자기의 감정을 정확하게 이해할 수 있도록 하자.
경계 설정	상대방과 이야기할 때, 혹은 함께 시간을 보낼 때 허용 가능한 행동과 그렇지 않은 행동을 이야기한다. 그리고 그 경계를 침범한다면 불쾌함을 명확하게 전달해야 한다. 일관된 경계는 상대방이 자신의 감정과 행동을 조절할 수 있게 도와준다.
명확하고 일관된 의사소통	명확하고 직설적인 의사소통을 사용한다. 오해가 생길만한 모호한 언어를 피한다. 자신의 감정과 기대에 대해 솔직하고 투명하게 말한다.
전문가의 도움을 받기	그 사람과 신뢰 관계가 형성되어 있고 나와의 의사소통이 명확하다면 그 사람이 상담사나 정신건강 전문의에게 전문적인 도움을 받도록 부드럽게 독려한다. 상대방이 동의한다면 전문가를 찾기 위해 도움을 줄 수 있다고 말하고, 함께 전문기관을 찾아본다.

Q4
심리상담사로 일하면서
가장 슬펐던 때는 언제인가요?

상담사로서 20년 가까이 일하면서 슬픔을 느꼈던 적이 언제였는지 생각해보니 몇몇 내담자의 얼굴들이 떠오른다. 상담사들은 다양한 내담자들을 만난다. 상담사 개인이 가진 역량이나 환경이 모두 다른 것처럼 내담자도 마찬가지이다. 내담자들이 상담 중 예상치 못한 어렵고 힘든 상황을 겪으며 좌절할 때 상담사들도 안타까움과 슬픔을 느끼게 된다.

부부관계의 고민으로 상담을 진행하던 부부가 있었다. 10회기의 상담 동안 이혼 의사를 철회하고 서로 관계개선을 위해 노력했던 부부였고 특히 남편이 상담에 적극적으로 참여했다. 종결 상담을 마치고 두 달 뒤에 추수 상담을 진행했는데 아내가 혼자 상담실에 들어왔다. 사연을 들어보니 남편이 한 달 전에 심장마비로 사망했다는 것이다. 많이 놀라고 안타까웠다. 추수 상담시간 내내 아내는 눈물을 흘렸고 함께 슬퍼했던 기억이 난다.

내담자를 효과적으로 도울 수 없다고 느끼거나 해결되지

않은 문제가 있는 경우에도 상담사로서 슬픔과 좌절감을 느꼈던 것 같다. 중학생 남매를 키우던 할머니를 상담했을 때의 일이다. 넉넉하지 않은 환경에서도 긍정적으로 지내시는 할머니를 지지하는 상담이었는데, 갑자기 넘어지면서 꽤 오랫동안 병원에 입원하셨다. 고등학교 진학을 앞둔 아이는 인문계 진학을 포기했고 그 때문에 할머니는 실망을 많이 하셨다. 할머니의 갑작스러운 건강악화로 상담이 더 진척되지 못했고 나는 이때 상담사로서 슬픔과 좌절감이 들었다.

상당한 트라우마를 경험한 내담자들의 이야기를 듣고 상담하는 것도 상담사들에게 감정적으로 힘든 일일 수 있다. 나도 가족의 사고를 목격한 내담자의 트라우마를 다루면서 과도한 공감이 감정적 부담으로 이어졌을 때가 있었는데, 한동안 부정적인 감정 때문에 힘들었다. 그래서 상담사는 자신의 감정적 상태가 어떤지 인식하는 것이 필수이다. 특히 슬픔이나 분노와 같은 감정을 잘 다루어야 한다. 상담은 정서적으로 힘든 일이고 슬픔을 인식하고 해결하는 것은 이 일을 계속 건강하게 할 수 있는 조건이 된다. 상담사에게도 슈퍼바이저의 도움이나 상담이 필요하다.

Q5
심리상담사의 기쁨과 보람은
무엇이라고 생각하세요?

모든 상담은 시작과 종결이 있다. 내담자를 만나서 목표를 정하고 그 목표를 달성하기 위해서 함께 노력하는 과정이 상담인데, 상담의 목표가 달성되었을 때 대부분 종결이 된다. 안전하게 종결하면 일단은 안심이 되고 기쁘다. 생각해보면 상담실에서 느꼈던 기쁨이 많았다. 상담사로서 가장 기쁜 일은 내담자들이 심리적으로 건강성을 되찾고 힘들어하던 문제가 개선될 때다. 특히 문제가 완전히 해결되지는 않더라도 내담자의 삶에서 긍정적인 변화와 성장을 목격하는 것은 정말 보람 있는 일이다.

상담사 A 선생님
"내담자와 신뢰 관계가 형성될 때 기뻐요!"
상담에서 가장 중요한 것은 내담자와 신뢰 관계를 맺는 것이다. 경직되어 있고 상담사에 대한 의심을 가지던 내담자들이 자신의 고민에 대해서 마음을 열고 신뢰감을 보여줄 때 만족감을 느낄 수 있다.

상담사 B 선생님

"내담자가 발전해 갈 때 보람을 느낍니다."

내담자가 상황을 극복하는 역량이 조금씩 발전하는 것을 보거나 혹은 문제의 핵심을 파악하는 통찰력이 생길 때 행복감과 보람을 느낀다.

상담사 C 선생님

"내담자에게 긍정적인 영향을 줄 수 있다는 게 좋습니다."

누군가의 삶이나 행복에 긍정적인 영향을 미친다는 건 상담사들에게 깊은 보람을 줄 수 있다. 상담이 종결되는 날 문제로부터 한결 가벼워진 내담자로부터 상담을 받은 것이 정말 좋은 선택이었다는 말을 들을 때 기쁘다.

중요한 것은 상담에 대한 보람을 느끼면서도 감정적으로 힘들 수 있다는 것이다. 그래서 상담사들은 상담 외에 일과 삶의 균형, 개인의 성장과 성취를 위한 노력, 그리고 나를 위한 취미활동에서도 즐거움을 찾으려고 노력해야 한다.

상담이 필요한 상태인지를
간단히 점검하는 체크리스트

평소보다 우울한 기분이 길어지거나 인간관계에서 계속 어려움을 느낄 때, 혼자 극복해 보려고 노력해도 계속 실패가 반복될 때 누구나 우울감과 좌절감을 느낄 수 있다. 무기력한 우울감이 계속되다 보면 불안감도 따라오게 되고 밤에 잠을 자려고 해도 심장이 두근거리면서 쉽게 잠들지 못한다. 낮에 있었던 불쾌했던 일이 머릿속에서 떠나지 않을 때도 있다. 우울은 흔히 마음의 감기라고 표현할 정도로 익숙한 개념이다. 우울과 우울증은 조금 다른데 우울이라는 감정이 오랫동안 지속 되어 우울증으로 가는 것이다. 그런 감정이 한 달 이상 계속된다면 상담을 받아야 할지 정신건강의학과에 가봐야 할지 고민이 될 수 있다. 상담실을 찾기 전에 나의 우울감과 불안감이 어느 정도인지를 알아보는 체크리스트로 마음 상태를 간단히 점검해 보자. 아래의 검사지는 검사의 일부 문항이다.

BDI 척도

다음의 각 문항은 모두 네 개의 문장으로 이루어져 있다. 지난 2주일 동안 당신의 기분과 상태를 생각해보고, 이를 가장 잘 설명하는 문장의 번호에 동그라미를 치시오.

번호	점수	문항	체크
1	0점	나는 슬프지 않다.	
	1점	나는 슬프다.	
	2점	나는 항상 슬퍼서 그것을 떨쳐버릴 수가 없다.	
	3점	나는 너무나 슬프고 불행해서 도저히 견딜 수가 없다.	
2	0점	나는 앞날에 대해 기대할 것이 아무것도 없다고 느낀다.	
	1점	나는 앞날에 대해서 별로 낙심하지 않는다.	

	2점	나의 앞날은 아주 절망적이고 나아질 가망이 없다고 느낀다.	
	3점	나는 앞날에 대해서 비관적인 느낌이 든다.	
3	0점	나는 실패자라고 느끼지 않는다.	
	1점	나는 보통사람들보다 더 많이 실패한 것 같다.	
	2점	내가 살아온 과거를 뒤돌아보면, 실패 투성이인 것 같다.	
	3점	나는 인간으로서 완전한 실패자라고 느낀다.	
4	0점	나는 전과같이 일상생활에 만족하고 있다.	
	1점	나의 일상생활은 예전처럼 즐겁지 않다.	
	2점	나는 요즘에는 어떤 것에서도 별로 만족을 얻지 못한다.	
	3점	나는 모든 것이 다 불만스럽고 싫증 난다.	
5	0점	나는 특별히 죄책감을 느끼지 않는다.	
	1점	나는 죄책감을 느낄 때가 많다.	
	2점	나는 죄책감을 느낄 때가 아주 많다.	
	3점	나는 항상 죄책감에 시달리고 있다.	
6	0점	나는 벌을 받고 있다고 느끼지 않는다.	
	1점	나는 어쩌면 벌을 받을지도 모른다는 느낌이 든다.	
	2점	나는 벌을 받을 것 같다.	
	3점	나는 지금 벌을 받고 있다고 느낀다.	
7	0점	나는 나 자신에게 실망하지 않는다.	
	1점	나는 나 자신에게 실망하고 있다.	
	2점	나는 나 자신에게 화가 난다.	
	3점	나는 나 자신을 증오한다.	
8	0점	내가 다른 사람보다 못한 것 같지는 않다.	
	1점	나는 나의 약점이나 실수에 대해서 나 자신을 탓하는 편이다.	
	2점	내가 한 일이 잘못되었을 때는 언제나 나를 탓한다.	
	3점	일어나는 모든 나쁜 일들은 다 내 탓이다.	
9	0점	나는 자살 같은 것은 생각하지 않는다.	
	1점	나는 자살할 생각을 가끔 하지만, 실제로 하지는 않을 것이다.	
	2점	자살하고 싶은 생각이 자주 든다.	

	3점	나는 기회만 있으면 자살하겠다.	
10	0점	나는 평소보다 더 울지는 않는다.	
	1점	나는 전보다 더 많이 운다.	
	2점	나는 요즈음 항상 운다.	
	3점	나는 전에는 울고 싶을 때 울 수 있었지만, 요즘은 울래야 울 기력조차 없다.	
		⋮	

〈일부출처: Beck, A. T., Ward, C. H., Mendelson, M., Mock, J., & Erbaugh, J. (1961). "An inventory for measuring depression." Archives of General Psychiatry, 4(6), 561–571.〉

BDI(Beck Depression Inventory)는 우울증의 증상을 평가하기 위한 표준화된 검사 도구 중 하나이다. 이 검사는 벡 박사(Doctor Aaron T. Beck)가 개발했으며, 우울증의 증상을 평가하고 진단하는 데 널리 사용된다. BDI는 전체 21개의 문항으로 구성되어 있으며, 각 문항은 우울 증상에 대한 각각의 경험을 평가하는 것이다. 점수가 높을수록 우울의 정도가 높아짐을 나타내며 전체 21개 문항의 합계가 20점 이상인 경우 전문가의 정확한 진단이 필요하다.

위에 제시된 열 개의 문항만으로 정확하게 우울을 파악할 수는 없지만 각 항목에서 대부분 1점 이상을 체크 하였다면 지금 나의 심리상태가 많이 불안정하다고 볼 수 있다.

BAI 척도
각 문장을 자세히 읽고 오늘을 포함한 지난 한 주간 자신의 상태를 가장 잘 나타낸다고 생각되는 번호에 표시하시오.

	문항	전혀 느끼지 않았다.	조금 느꼈다.	상당히 느꼈다.	심하게 느꼈다.
1	가끔씩 몸이 저리고 쑤시며 감각이 마비된 느낌을 받는다.	0	1	2	3
2	흥분된 느낌을 받는다.	0	1	2	3

3	가끔씩 다리가 떨리곤 한다.	0	1	2	3
4	편안하게 쉴 수가 없다.	0	1	2	3
5	매우 나쁜 일이 일어날 것 같은 두려움을 느낀다.	0	1	2	3
6	어지러움(현기증)을 느낀다.	0	1	2	3
7	가끔씩 심장이 두근거리고 빨리 뛴다.	0	1	2	3
8	침착하지 못하다.	0	1	2	3
9	자주 겁을 먹고 무서움을 느낀다.	0	1	2	3
10	신경이 과민 되어 왔다.	0	1	2	3
	⋮				

〈일부출처: Beck, A. T., Epstein, N., Brown, G., & Steer, R. A. (1988). "An inventory for measuring clinical anxiety: Psychometric properties." Journal of Consulting and Clinical Psychology, 56(6), 893-897.〉

BAI(Beck Anxiety Inventory)검사는 불안의 증상을 평가하기 위한 표준화된 검사 도구 중 하나이다. 사람들은 불안과 우울을 구별하기 어려워한다. 따라서 우울에서 불안 정도를 구별하기 위해 고안된 검사라고 보면 된다. BAI는 전체 21개의 문항으로 구성되어 있으며, 각 문항은 불안 증상에 대한 각각의 경험을 평가하는 것이다.

점수가 높을수록 불안의 정도가 높아짐을 나타내며 전체 21개 문항의 합계가 22점 이상인 경우 상담이 필요한 상태이며 27점이 넘는다면 일상적인 생활에서 심한 불안을 느끼는 상태이니 미루지 말고 전문가를 찾아서 점검받기를 권한다.

위에 제시된 열 개의 문항만으로 정확하게 우울을 파악할 수는 없지만 각 항목에서 대부분 1점 이상을 체크 하였다면 일상생활에서 불안을 느끼고 있다고 볼 수 있다.

심리상담사를 위한
의사소통유형 test

버지니아 사티어는 사회사업을 전공한 상담사이다. 가족치료의 어머니라고 불릴 만큼 지대한 영향을 끼친 학자이다. 다양한 이력을 가진 그녀는 정신건강 분야의 전문가로 일하면서 "가족을 치료할 수 있다면 세계를 치료할 수 있다." 라는 신념을 가지게 되었다.

시티어는 다양한 대인 관계를 연구하였고 특히 자기를 존중하는 3가지 요소를 '자신', '타인', '상황'으로 보았다. 타인과 의사소통을 할 때 이 세 요소를 어떻게 다루느냐에 따라 의사소통의 유형이 달라지는 것을 발견하였다. 그녀는 의사소통유형을 다섯 가지로 분류하였고, 위의 3가지 요소 중 어느 하나라도 존중받지 못한다면 역기능적인 의사소통이라고 했다.

상담사는 내담자와의 의사소통을 통해서 변화를 이끄는 전문가이다. 기능적인 의사소통을 통해 안정된 치료적 환경을 만들고 내담자가 기능적인 의사소통을 할 수 있게끔 돕는다. 상담사를 꿈꾸는 사람이라면 본인의 의사소통유형을 점검하고, '자신', '타인', '상황' 이 세 가지 요소를 존중하는 의사소통을 연습하는 게 필요하다.

각 문항을 읽고 자신에게 해당이 된다면 빈칸에 표시한다. 표시한 개수가 모두 몇 개인지를 세어서 5개의 항목별로 합계를 내고, 검사지 아래의 설명을 잘 읽는다.

사티어 의사소통유형 검사지
다음 글을 읽고 자신에게 해당하는 문항의 빈칸에 ○표하시오.

	문항	a	b	c	d	e
1	나는 상대방이 불편하게 보이면 비위를 맞추려고 한다.					
2	나는 일이 잘못되었을 때 자주 상대방의 탓으로 돌린다.					
3	나는 무슨 일이든지 조목조목 따지는 편이다.					
4	나는 생각이 자주 바뀌고 동시에 여러 가지 행동을 하는 편이다.					
5	나는 타인의 평가에 구애받지 않고 내 의견을 말한다.					
6	나는 관계나 일이 잘못되었을 때 자주 내 탓으로 돌린다.					
7	나는 다른 사람들의 의견을 무시하고 내 의견을 주장하는 편이다.					
8	나는 이성적이고 차분하며 냉정하게 생각한다.					
9	나는 다른 사람들로부터 정신이 없거나 산만하다는 소리를 듣는다.					
10	나는 부정적인 감정도 솔직하게 표현한다.					
11	나는 지나치게 남을 의식해서 나의 생각이나 감정을 표현하는 것을 두려워한다.					
12	나는 내 의견이 받아들여지지 않으면 화가 나서 언성을 높인다.					
13	나는 나의 견해를 분명하게 표현하기 위해 객관적인 자료를 자주 인용한다.					
14	나는 상황에 석설하지 못한 말이나 행동을 자주 하고 딴전을 피우는 편이다.					
15	나는 다른 사람이 내게 부탁을 할 때 내가 원하지 않으면 거절한다.					
16	나는 사람들의 얼굴표정, 감정, 말투에 신경을 많이 쓴다.					
17	나는 타인의 결점이나 잘못을 잘 찾아내어 비판한다.					
18	나는 실수하지 않으려고 애를 쓰는 편이다.					
19	나는 곤란하거나 난처할 때는 농담이나 유머로 그 상황을 바꾸려 하는 편이다.					
20	나는 나 자신에 대해 편안하게 느낀다.					
21	나는 타인을 배려하고 잘 돌보아주는 편이다.					

174

22	나는 명령적이고 지시적인 말투를 자주 사용하기 때문에 상대가 공격받았다는 느낌을 받을 때가 있다.					
23	나는 불편한 상황을 그대로 넘기지 못하고 시시비비를 따지는 편이다.					
24	나는 불편한 상황에서는 안절부절 못하거나 가만히 있지를 못한다.					
25	나는 모험하는 것을 두려워하지 않는다.					
26	나는 다른 사람들이 나를 싫어할까 두려워서 위축되거나 불안을 느낄 때가 많다.					
27	나는 사소한 일에도 잘 흥분하거나 화를 낸다.					
28	나는 현명하고 침착하지만 냉정하다는 말을 자주 듣는다.					
29	나는 한 주제에 집중하기보다는 화제를 자주 바꾼다.					
30	나는 다양한 경험에 개방적이다.					
31	나는 타인의 요청을 거절하지 못하는 편이다.					
32	나는 자주 근육이 긴장되고 목이 뻣뻣하며 혈압이 오르는 것을 느끼곤 한다.					
33	나는 나의 감정을 표현하는 것이 힘들고, 혼자인 느낌이 들때가 많다.					
34	나는 분위기가 침체되거나 지루해지면 분위기를 바꾸려 한다.					
35	나는 나만의 독특한 개성을 존중한다.					
36	나는 나 자신이 가치가 없는 것 같아 우울하게 느껴질 때가 많다.					
37	나는 타인으로부터 비판적이거나 융통성이 없다는 말을 듣기도 한다.					
38	나는 목소리가 단조롭고 무표정하며 경직된 자세를 취하는 편이다.					
39	나는 불안하면 호흡이 고르지 못하고 머리가 어지러운 경험을 하지도한다.					
40	나는 누가 나의 의견에 반대해도 감정이 상하지 않는다.					
	합계					

〈출처: Satir, Virginia, Stachowiak, J., & Taschman, H. (1975). Helping Families to Change, Science and Behavior Books, Inc.〉

a: 회유형 / b: 비난형 / c: 초이성형 / d: 산만형 / e: 일치형

일치형(Leveling)은 '자신', '타인', '상황'을 모두 존중하는 의사소통유형이다. 자신의 감정을 언어로 정확하고 적절하게 표현할 줄 알며, 심리적으로 안정된 유형이라고 볼 수 있다. 자신의 감정과 생각, 기대, 자신이 원하는 것과 원하지 않는 것에 대한 표현이 정직하고 개방적이다. 사티어는 다섯 가지 유형 중 '일치형'만이 '기능적 의사소통유형'이라고 보았다.

회유형(Placating)은 '자신'을 무시하고 '타인'과 '상황'을 존중하는 유형으로, 자신의 내적 감정이나 생각을 억제하고 타인의 감정을 우선 생각한다. 상대방을 화나게 않게 하려고 상대방의 의견에 지나치게 동조하는 모습을 보이며, 갈등상황에서 빠르게 사과하고 상대 의견에 반대하지 않는 경향이 있다. 용서를 구하거나 애원하는 성향이 강하며, 의존적인 성향을 보인다. 감정적으로 상처를 많이 받고 슬픔과 걱정이 많은 특징을 보이나 자신의 감정을 억제하는 만큼 억눌린 분노 또한 잠재하고 있는 유형이다.

비난형(Blaming)은 '타인'을 무시하고 '자신'과 '상황'을 존중하는 유형이다. 강하게 보이기 위해 상대의 결점을 발견하여 비난하고, 타인의 말이나 행동을 통제하려는 경향을 보인다. 외면적으로 공격적 행동을 보이지만 내면적으로는 자신을 외로운 존재라고 여긴다. 분노와 비난, 고함과 화난 표정 등으로 의사를 표현하지만 스스로를 통제할 수 없을까봐 두려움을 느끼기도 한다.

초이성형(Computing)은 '자신'과 '타인'은 무시하며 '상황'만을 존중하는 의사소통유형이다. 원리원칙과 규칙을 중시하여 어떠한 상황에서도 객관성을 보이기 위해 노력한다. 감정을 잘 표출하지 않으며, 이성적이고 냉정하다. 내면적으로는 타인뿐 아니라 스스로에게조차 소외감을 느끼며, 논리를 지향하는 이면에는 감정적인 요소들에 대한 갈증을 겪기도 한다.

산만형(Distracting)은 '자신', '타인', '상황'을 모두 무시하는 유형이다. 말과 행동이 불일치하고, 상황과 무관한 행동을 한다. 안절부절못하고 계속 몸을 움직여 과활동증에 빠지거나, 상황을 회피하기 위해 농담을 던지거나 의미 없는 이야기를 늘어놓기도 한다. 내면에는 모두가 자신을 거부한다는 생각을 가져 고독감을 느끼고 자신을 무가치하다고 여기기도 한다.

40개의 문항 가운데 5, 10, 15, 20, 25, 30, 35, 40번이 일치형 의사소통을 확인하는 문항이다. 8개의 항목을 수시로 읽고 체크하면서 일상생활의 대화를 연습해보자. 어떤 부분에서 일치형 의사소통이 어려운지를 솔직하게 스스로 묻고 연습하다 보면 조금씩 일치형의 의사소통이 익숙해진다.

I am a counselor

Part 4 마음 정비하기

1 심리상담사의
목소리

심리상담사들은 다양한 기관들과 협업으로 일하는 경우가 아주 많다. 나 또한 예외는 아니었다. 여성가족부 산하의 기관이나 교육청, 복지업무를 수행하는 기관들에서 심리정서를 지원하는 프로그램을 진행하기도 하고 집단상담이나 개인상담을 의뢰받는 경우도 많다. 이런 외부 활동을 얼마나 많은 기관과 할 수 있느냐에 따라서 상담사의 역량이나 전문성이 드러나기도 한다.

기관도 이런 외부전문가와 효율적인 네트워크를 유지하고 협업하는 것을 중요하게 여긴다. 위기 아동을 대상으로 서비스를 제공하는 기관의 경우 학교관계자, 경찰, 정신건강 전문의, 지역아동센터, 상담전문가, 아동보호전문기관 등 다양한 관계자들을 자문위원으로 위촉하여 운영에 도움을 받는다. 기관마다 다르지만 보통 일 년에 한두 번 자문위원들과 함께하는 회의가 열린다. 이때는 기관이 담당하고 있는 사례 중 자문받기 원하는 복잡한 사례를 제시하고 자문위원들은 각 입장에서 의견을 제시한다.

10년 정도 인연을 맺으며 자문위원으로 활동하고 있는 기관에서 보호가 필요한 아동의 임시거처를 의논하는 회의가 열렸다. 사례에 대한 담당자의 설명이 끝나고 난 뒤 자문위원들은 각자의 의견을 다양하게 주장했다. 나의 경우는 수년간 함께 일하며 기관의 사정을 잘 알 뿐 아니라 아동과도 미리 몇 차례의 상담을 진행했던 터라 아동의 입장을 좀 더 피력할 수 있었고, 결국 아동이 가장 편안하게 지낼 수 있는 환경을 선택하는 것으로 모든 전문가의 의견이 모였다.

이날 회의가 인상적이었는지 같은 자문위원인 타 기관의 기관장은 나에게 본인 기관의 부모교육을 부탁했고 그 후 4~5년 동안 한 달에 한 번 교육을 맡게 되었다. 한 아이를 잘 키우기 위해서는 마을 전체가 필요하다는 말이 있는데 자문 회의에 참석해서 위기 케이스를 의논할 때면 이를 실감하곤 한다.

Q1
상담은 특별히 힘든 일을 겪어야만
받을 수 있나요?

그렇지 않다. 상담은 특별히 힘든 일을 겪는 사람 뿐만 아니라 다양한 어려움에 직면한 사람들이 활용할 수 있는 귀한 자원이다. 상처가 생기면 연고를 바르고 밴드로 상처 부위를 보호하는 것처럼 상담은 우리의 마음속에 생기는 상처들을 회복되도록 돕는 방법이다.

일상적인 스트레스

상담은 개인이 하는 일, 인간관계, 가족 또는 개인 생활과 관련된 일상적인 스트레스에 대처하는 데 도움을 줄 수 있다.

관계 문제

연인이나 친구, 부부 등 가까운 관계를 유지해야 하는 사이에서 개인 간의 의사소통방법을 개선하고, 갈등을 해결하기 위해 상담을 받을 수 있다. 특별한 갈등상황이 없더라도 다양한 심리검사나 성격유형 탐구를 통해 관계에 대해 이해를 높일 수 있다.

개인의 발전

상담은 문제를 해결하기 위한 것뿐만 아니라, 자기발견과 개인의 발전을 위한 것이기도 하다. 자기의 성격을 알고 본인이 가진 목표나, 가치관, 그리고 삶의 목적을 탐구하기 위해 상담받을 수 있다.

인생의 전환

상담은 직업의 전환, 재배치, 은퇴 또는 부모가 되는 것과 같은 중요한 인생의 전환기에 도움이 될 수 있다.

학업 또는 진로 스트레스

학업 또는 진로와 관련된 스트레스에 직면한 학생들은 스트레스를 관리하고 다양한 정보를 통해 합리적인 결정을 내리기 위한 상담을 받을 수 있다.

슬픔과 상실

상담은 사랑하는 사람의 죽음이나 이별 등으로 슬픔과 상실을 경험하는 사람들에게 정서적인 지원을 줄 수 있다. 최근에는 반려동물의 죽음이나 이별 등으로 심리적인 고통받는 사람들도 상담실을 찾는다.

불안과 우울증

불안과 우울증은 경미한 증상부터 일상적인 활동이 어려

울 만큼 심각한 양상을 보이기도 한다. 불안과 우울감이
계속된다면 증상이 심하지 않더라도 자신의 마음을 건강
하게 관리하기 위해 상담을 받는 것이 좋다.

Q2
고민을 잘 들어주는 친구와
전문상담사의 가장 큰 차이는
무엇일까요?

고민을 잘 들어주는 친구가 곁에 있다는 건 행복한 일이다. 무엇보다도 학창시절에 그런 친구가 가까이에 있다면 더더욱 좋다. 마음을 잘 알아주고 잘 들어주는 공감과 경청에 대한 능력은 정말 값지며, 그런 능력을 태어날 때부터 타고나는 사람들이 있다. 보통 그런 사람들에게 고민을 이야기하고 상담도 하게 된다. 하지만 전문상담사와 친구들과는 엄연히 다르다.

그 차이점을 표로 정리하면 다음과 같다.

	전문상담사	친구
교육 및 전문 지식	상담사들은 심리학, 상담학 혹은 관련 분야에서 광범위한 교육과 훈련을 받는다. 관련 학문에 대한 학위를 가지고 있고 다양한 내담자들에게 실제적이고 전문적인 상담을 제공하고 있다.	친구들은 그들 자신의 경험을 바탕으로 친구를 돕기 위해서 이야기를 듣고 조언을 한다. 하지만 상담에 대한 훈련과 전문 지식이 부족하다.

비밀보장	비밀보장은 상담 관계의 근본적인 측면이다. 상담사들은 고객 정보를 비밀로 유지하기 위한 엄격한 윤리기준의 틀이 있고 때로는 법적인 요구 사항에 구속되어 있다.	친구들은 비밀을 지키기 위해 노력할 수 있지만, 상담사들과 같은 전문적인 기준을 가지고 있지 않다. 관계가 좋을 때는 비밀을 유지하지만, 관계가 멀어지거나 사이가 안 좋아질 때는 오히려 소문을 낼 수도 있다.
명확한 경계	상담 관계는 명확한 윤리적, 직업적 경계에 묶여있다. 상담사는 이중 관계를 피하고, 전문적인 거리를 유지하며, 상담실이라는 환경 내에서만 내담자에게 집중한다.	친구들과의 관계는 다양하게 얽혀 있다. 다양한 관계는 예기치 못한 상황을 만들고 갈등을 일으킨다.
상담의 구조화	상담사는 사례의 개념화를 통해 상담을 구조화한다. 초기상담 후 내담자에게 가장 적합한 이론적 기반을 찾고 어떤 기법을 통해 내담자를 상담할지를 정한다.	친구들은 자신의 경험을 바탕으로 한 공감, 개인적인 조언 등을 제공할 수 있지만, 전문적인 지식의 부족으로 단회성의 단순한 조언에 그치게 된다.

친구들은 나의 가까운 곳에서 생활을 함께하고 우정을 제공하는 데 중요한 역할을 하지만, 전문상담사는 심리·정서적 문제를 해결하기 위해 전문적이고 체계적인 도움을 준다. 모든 문제를 상담사와 의논할 필요는 없다. 친구들에게 도움을 구하고 의논하면서 문제가 해결되기도 하니까 말이다. 전문상담을 선택할지는 내담자가 가진 문제의 심각성과 지속성 그리고 해결할 수 있는 범위에 달려 있

다. 친구들과 이야기했을 때 비밀보장이 염려되고 반복적으로 발생하는 문제라면 상담이 필요하다고 볼 수 있다. 대면 상담이 부담되고 어렵다면 전화 상담을 이용하여 상담을 경험해 보는 것도 좋다.

Q3
전문적인 상담사라면
주변 사람을 상담해도 괜찮은가요?

상담사들은 개인적인 역할과 직업적인 역할이 서로 얽혀 있는 이중적인 관계를 맺는 것에 대해 조심해야 한다. 친구나 주변 사람을 상담하는 것은 이해관계의 충돌을 일으킬 수 있다. 상담사가 지켜야 하는 윤리강령에는 상담사의 전문적 태도와 비밀보장, 다중 관계에 대한 항목이 있는데, 주변 사람과의 상담에서는 이런 항목이 지켜지기는 쉽지 않다. 그래서 가족이나 가까운 사람을 상담하기가 어렵다.

물론 상담은 신뢰감을 바탕으로 한다. 그러다 보니 간혹 주변 사람이 상담을 의뢰해 올 수 있다. 그런 경우 이중관계금지와 관련한 상담사의 윤리에 대해 정확하게 설명하고 상담의 명확한 구조화를 통해 전문적인 경계를 확고하게 하는 것이 필요하다. 특히 친구를 상담하게 되는 경우 친구들과의 비공식적인 이야기와 공식적인 상담이 반드시 구분되어야 하고 정해진 상담 장소에서 상담이 진행되어야 한다.

요약하면, 상담사들은 친구들과 개인적인 관심사를 공유할 수도 있고 상담을 진행할 수는 있지만, 윤리적 기준을 고려하여 전문적인 관계영역이 지켜지도록 노력해야 하고 경계가 혼란스러워진다면 다른 전문가에게 의뢰하는 것이 필요하다.

상담을 받는 사람에게
하면 안 되는 말이 있을까요?

TV를 보다 보면 연예인들이 종종 상담을 받는다는 이야기를 스스럼없이 한다. 아예 ◇◇상담소라고 해서 전문가가 출연해서 상담을 진행하는 프로그램도 있다. 이제 "왜? 왜 상담을 받아?"라는 질문이 줄어드는 것을 보면 전반적인 사회의 분위기가 상담에 대해서 긍정적으로 바뀐 것을 알 수 있다.

친구나 동료가 상담을 받고 있다는 것을 우연히 알았을 때, 혹은 상담을 받고 있다는 이야기를 들을 때 주의해야 하는 몇 가지 원칙이 있다.

주의해야 할 표현	이유
상담 여부에 대한 확인	우연히 알게 되었더라도 친구가 자신의 상담에 대해서 먼저 이야기하지 않는 한 상담 여부를 묻지 않는 것이 좋다.
상담에 대한 지나친 질문	친구의 민감한 부분이기 때문에 진단명이나 문제의 종류, 치료과정에 대한 궁금증에 대해 지나치게 물어보지 않아야 한다.

자격 없는 조언 하지 않기	친구를 생각하는 좋은 의도일 수는 있지만, 전문적인 조언은 전문가에게 넘기는 게 맞다.
감정이나 상황에 대한 축소 혹은 막연한 기대의 표현	그 사람의 감정이나 경험을 최소화하거나 무시하는 것을 피한다. "그렇게 나쁘지 않은 것 같은데" 또는 "잘 참아봐, 넌 이겨낼 수 있어."와 같은 말은 친구의 고군분투 상황을 무시하는 말이 될 수도 있고, 친구의 마음을 다치게 할 수 있다.

심리상담을 받는 사람과 이야기할 때는 둘의 개인적인 이야기나 내 상황에 대한 편안한 나눔이 좋다. 상대를 걱정하고 궁금해하는 것은 내 마음과 내 선택이므로, 궁금하더라도 상대방이 편하게 이야기할 때까지 기다리며 상대방의 대화 속도를 맞추어 주는 게 좋다. 나에게 상대가 맞추도록 요구하는 건 옳지 않으며, 상대방과의 경계를 존중하는 것이 필요하다.

심리상담사의 현실

처음 상담실을 열게 되었을 때 뿌듯함과 기대로 많이 설레었던 기억이 난다. 내담자들이 편안하게 느낄 수 있도록 공간을 꾸미면서 상담이 필요한 사람들이 하나, 둘 찾아오는 상상을 했다. 내담자들과의 상담은 예약제로 운영되는 게 일반적이지만 처음 상담실을 오픈하고 나서는 간혹 예약 없이 상담실 문을 열고 들어오시는 분들이 있었다. 오고 가며 상담실 위치를 봐두었다가 마침 오늘 시간이 나서 한번 들렀다고 말하는 경우가 대부분이다.

60대 초반의 여성분이 시장바구니를 든 채로 상담실 문을 열고 들어온 게 기억난다. 마침 예약시간까지 여유가 있기도 하고, 꼭 상담받고 싶은 일이 있어서 왔다는 요청에 차 한잔을 내어드리고 상담을 시작했다. 상담 신청서를 작성하고 주호소 문제를 적으며 시작한 상담이 1년간의 꾸준한 상담으로 이어지고, 개인뿐 아니라 가족 상담으로 확장되었다. 동네에 상담실이 생겨서 좋다고 하셨다. 올 때마다 고구마를 쪄 오셔서 차 한 잔과 함께 이야기를 나누고 상담을 진행했다. 주변 지인 두세 명을 소개해 주기도 해서 상담실 초기에 참 고마운 마음이 들었다.

그러나 갑작스러운 상담이 다 그렇게 잘 진행되는 건 아니다. 또 다른 내담자가 예약 없이 상담실의 문을 열고 들어왔을 때가 있었다. 상담비용을 포함한 절차에 관한 내용을 모두 전달하고 상담을 시작했다. 한 시간의 상담을 잘 마무리한 뒤에 다음 회기 예약을 이야기하자 갑자기 내담자는 말을 멈추었다. 사실 자기는 너무 답답한 마음에 상담실을 찾았고 이야기하면서 마음이 후련해졌지만, 상담비용을 다 내기는 어렵다는 것이었다, 수중에 있는 돈이 얼마인데 그것만 받으면 안 되겠냐며 조르기 시작했다.

개인이 운영하는 유료상담실이기 때문에 생기는 일이고, 사람에 따라서는 상담비용이 부담되기도 한다. 하지만 미리 비용과 절차에 대해 안내하고, 상담 신청서까지 작성한 후에 시작된 상담임에도 마친 뒤에 억지를 부리는 내담자. 어떻게 해야 하나… '한 시간 동안 과연 진실 되게 상담에 임한 걸까?'라는 마음도 들었다. 당황스러웠지만 머릿속에서 빠르게 생각을 정리했다. 먼저 비용이 부담스럽다는 말에 공감했다. 그리고는 지속적인 상담이 필요하니 무료로 상담받을 수 있는 기관을 알려드렸다. 오늘 상담한 비용에 대해서는 시작 전에 이미 알려드린 내용이기 때문에 집에 돌아가신 후에 계좌이체를 하시면 된다고 안내하고 돌려보냈다.

이틀인가 지난 후에 상담료는 입금되었다. 아마 이틀 동안 내담자는 많은 고민을 했으리라 생각이 된다. 하지만 무엇보다도 상담사와 내담자 간에 형성되는 신뢰감이 지켜진 점에 안도했던 기억이 난다. 물건을 팔러 들어오시는 분도 계셨고 포교 활동차 상담실의 문을 여시는 분도 계셨다. 실장님이 같이 있는 날도 있었지만 혼자서 상담실에 있을 때 예약시간이 아님에도 갑자기 문이 열리면 놀라고 당황스럽기도 했다. 1인 상담실이 겪는 흔한 일이다.

몇 번의 자그마한 이벤트를 겪은 후에는 100% 예약제로 상담실을 운영하게 되었다. 상담이 없는 날 혼자 상담실에 있을 때는 문을 잠가두었다. 긴박한 마음으로 갑작스럽게 상담실을 찾아오신 분들을 위해 상담실 문 앞에 무료상담이 가능한 기관의 전화번호를 안내하고, 본 상담실은 예약제로 운영된다는 문구를 붙였다. 전화로 상담을 신청하시는 분들에게는 지세히게 상담절차를 안내하고 예약된 날짜에 방문하시도록 한다.

물론 '상담사를 비상근으로 고용하여 상담실의 규모를 확장 시키면 어떨까?'라는 생각이 들 때도 있었다. 실제로 그렇게 상담실을 운영하는 상담사들도 있다. 그러려면 좀 더 사업적인 일들을 상담실에서 병행해야 한다. 국가에서 운영하는 바우처 사업을 더 신청해서 대상자를 발굴하고 외부 홍보에도 신경을 써야 한다. 내가 그런 시간과 역량을 상담실에 쏟을 수 있을지 생각하다 보면 선뜻 나서기가 어려웠다. 호기롭게 상담실을 열었다가 내담자와의 갈등이나 운영의 어려움으로 문을 닫는 상담실도 많다. 친한 동료와 상담실을 동업하다가 여러 가지 이유로 갈라서는 경우도 종종 있다. 상담사들도 하나의 직업인으로서 선택과 고민의 순간을 맞닥뜨린다.

Q1
아동학대 및 유명인 자살과 같은
뉴스를 접하면 어떤 생각이 드시나요?

뉴스에서 유명인의 자살이나 아동학대와 같은 소식을 접하면 슬픔과 좌절, 또는 분노와 같은 감정이 생겨난다. 상담현장에서도 충분히 발생할 수 있는 내용이니까 말이다. 유사한 상담경험이 떠오르기도 하고, 지금 상담하고 있는 내담자 생각이 나기도 한다. 실제로 내담자들이 영향을 받는 경우가 있어서 상담 세션 중에 안전하게 내담자의 생각과 감정을 다루고 탐색한다.

안타까움이나 분노의 감정이 오랫동안 계속되지는 않지만, 오히려 사건 당사자의 가족이나 가까운 사람들이 받을 영향이 더 걱정되는 편이다. 아동학대 같은 경우는 그 대처가 복지 시스템적으로 체계화되어 있어서 아동에 대한 보호 절차와 가해자에 대한 처벌에 대해 주목하는 것 같다.

유명인의 자살 같은 경우는 개인적인 영역을 넘어서 그 가족이나 사회에 좀 더 복잡한 영향을 주기 때문에 단순하지는 않다. 실제로 유명 연예인들이 연달아 극단적인 선택을

한 2008년에는 그로 인해 사회적인 충격이 컸다. 심지어 이른바 베르테르효과라고 하는 모방 자살이 급격히 늘기도 했다.

심리적으로 취약한 사람들이나 모방에 민감한 청소년 등 부정적인 영향을 받을 수 있는 사람들의 정서적인 안녕과 트라우마를 걱정하는 것은 아마도 상담사로서 가진 책임감 때문인 것 같다. 그리고 2차 가해가 될 수도 있는 지나치게 자극적인 언론 보도가 자제되기를 바라는 마음도 크다.

Q2
갑작스러운 이별이나 실직, 죽음 등을 받아들일 때 지침이 있을까요?

헤어짐, 실직, 그리고 죽음과 같은 갑작스럽고 중대한 삶의 변화를 경험하는 것은 감정적으로 매우 어려운 일이다. 경험해 보지 못한 사람은 이해할 수 없을 만큼 고통스럽다. 상담실을 찾아오는 적잖은 내담자가 이런 이별이나 죽음 등의 문제를 호소한다. 모든 사람이 각자의 형편에 따라 다르게 대처하지만, 개인이 이러한 어려운 상황을 헤쳐 나가는 데 도움을 줄 수 있는 몇 가지 지침이 있다.

가장 먼저 해야 할 일은 나의 감정을 인식하고 받아들이는 것이다. 슬픔은 상실감에 대한 자연스러운 반응이고, 감정을 처리할 시간과 공간을 스스로 주는 것이 중요하다. 자연스럽게 느껴지는 슬픔, 분노, 혼란, 그리고 다양한 감정들이 표현되도록 하고 억누르지 말아야 한다. 충격적인 사건이나 상실을 경험할 때 인간에게는 수십 가지의 감정이 든다. 어떤 학자는 40여 개의 감정의 덩어리들이 반복된다고도 말한다. 마치 롤러코스터를 타는 것과 같은 감정의 변화를 느끼게 된다. 따라서 다양한 감정들이 솟구치는 게 당연하다고 여겨야 한다. 이런 감정의 소용돌이 시간은 사람마다 그 길이가 다르다. 어떤 사람은 한두 달, 어떤 사람은 수년이 걸리기도 한다. '난 왜 그렇게 오래 걸리지?'라고 불안해하지 않아도 된다.

두 번째는 감정의 소용돌이 시간이 오래간다면 전문가의 도움을 구하는 것을 고려해봐야 한다. 상담사나 정신건강

전문의는 내담자의 상황에 관심을 기울이면서 그 시간을 함께 견디어 내도록 도움을 줄 수 있다. 물론 주변의 친구나 가족들에게 감정적인 보살핌을 받을 수도 있지만 그들에게도 각자의 삶이 있다. 너무 의존하게 되면 결국은 관계에서의 상처가 또다시 생길 수 있다. 비용의 부담이 없는 지역사회의 무료상담기관을 먼저 활용하길 바란다.

세 번째는 자기 자신을 보살피는 데 시간을 사용해야 한다. 이런 어려운 시기에는 그 누구보다도 자기 자신에게 친절할 필요가 있다. 세상에서 가장 귀한 사람 대하듯이 혹은 내가 좋아하는 연예인을 대하듯이 자기 자신에게 친절하게 대해야 한다. 다양한 감정을 느낄 수 있고, 때로는 날카롭게 비판하고 싶을 만큼 부정적인 생각이 들지만, 판단을 피하고 나 스스로가 괜찮다는 것을 이야기하자. 편안함과 휴식을 가져다주는 자기관리 활동에 참여하면 좋다.

마지막으로 내가 사는 오늘에 집중하도록 한다. 입시에서 실패했거나 실직의 상황에 처해있다면 지금 통제할 수 있는 것에만 집중하는 것이다. 수험서를 사고 공부할 수 있는 환경을 찾고, 이력서를 업데이트하거나 새로운 직업 기회를 탐색해보자. 개인적인 목표를 설정하면서 내가 오늘 할 수 있는 것에 집중하는 것이 필요하다. 회복은 점진적인 과정이며 자기만의 속도로 과정이 진행된다. 자신에게 현실적인 기대를 설정하고 서두르지 않는게 중요하다.

상실을 극복하는 여정은 모든 사람이 다 다르고 때로는 독특하기까지 하다. 현실적으로 해결해야 하는 어려움 때문에 상실에 집중하지 못하는 사람들도 있고 지나치게 오랜 기간 상실에 몰입되어 있는 사람도 있다. 모든 사람에게 들어맞는 해결책은 없다는 것을 기억하자. 만일 감정적인 영향으로 인해 일상생활이 불가능할 정도로 압도된다면, 전문적인 도움을 찾는 게 치유 과정에서 가장 능동적인 노력이 될 수 있다.

심리상담실은 어떻게 정하고
찾아가면 좋을까요?

심리적인 어려움이 있을 때 상담을 받아야겠다고 생각했다면 일단 그 결정을 칭찬하고 싶다. 자발성은 상담에서 가장 중요한 부분이기 때문이다. 용기가 생겼다면 일단 인터넷으로 검색을 시작한다. 처음부터 유료상담기관을 찾아가는 것이 부담스럽다면 지역사회에 있는 다양한 무료 상담기관에 전화신청을 해서 단기상담을 받는 것도 좋다.

지역에 있는 심리상담실에서 상담을 받고 싶다면 일단 인터넷 검색을 통해 상담실의 위치를 파악하고, 블로그나 홈페이지를 통해 나에게 필요한 상담이 가능한지를 살펴봐야 한다. 일부 심리상담실은 아동·청소년, 중독, 폭력, 심리적 외상 등 특수한 분야를 전문적으로 다루기도 하니까 말이다.

그다음은 상담사가 가지고 있는 학위나 경력, 자격증을 확인하자. 블로그나 홈페이지에 있는 내용을 보면 상담사의 관심 영역을 알 수 있다. 경험이 있는 지인이 있다면 추천을 받는 것도 방법이다. 온라인상담 신청도 좋지만 직접 전화를 걸어서 초기상담을 신청하기를 추천한다. 대부분의 개인상담실은 상담사가 직접 전화를 받는다.

나의 상담사가 될 수도 있는 사람과 직접 통화하면서 음성이나 대화방식이 거슬리지는 않는지, 응대하는 방식이 따뜻하고 지지적인지를 경험하는 것이 좋다. 통화 시 편안함과 자신감이 느껴지고 거부감이 없는지를 확인하는 것은 상담소를 선택 하는 데 도움이 된다. 두세 곳의 상담소에 전화해 보고, 방문이 가능하다면 직접 상담실을 방문해서 초기상담을 예약하는 것이 좋다. 상담실의 분위기와 상담사의 태도, 상담사가 가진 자격이나 역량 모두 상담에서는 중요한 부분이기 때문이다.

직접 방문한다면 상담사의 자격이나 상담의 방법, 운영하는 프로그램에 대한 정보도 더 자세하게 물어볼 수 있다. 상담이 효과적으로 진행되기 위해서는 치료적 관계가 필수적이기 때문에 상담사에게 편안함과 신뢰감을 가지는 것이 필요하다. 자신의 직관을 믿고, 적합하다고 판단되는 상담소를 선택하면 된다.

Q4
우리나라에 무료로
상담받을 수 있는 곳도 있을까요?

학생이라면 각 학교에 있는 Wee 클래스와 학생상담센터를 이용하면 된다. 상담 선생님이 친절하게 상담받을 수 있는 절차와 방법을 안내해 줄 것이다. 학교 밖 청소년이거나 학교 내에 Wee 클래스가 없다면 전국에 있는 청소년상담복지센터를 이용할 수 있다. 인터넷에서 검색하면 자세한 안내절차가 나와 있다. 대면 상담도 가능하고 온라인 상담도 가능하다.

성인이라면 전국에 있는 가족센터와 정신건강복지센터 그리고 자살예방센터를 이용할 수 있다. 가족센터에서는 가족관계와 관련한 일반적인 상담이 가능하며 다양한 프로그램을 운영하고 있다. 심리적인 위기 상황이라면 정신건강복지센터와 자살예방센터에서 상담이 가능하다. 특히 자살예방과 관련하여 지자체별로 마음건강에 대한 서비스를 확대하고 있다. 전국의 자살예방센터는 24시간 내내 상담이 가능하고 온라인 챗봇 상담도 진행하고 있다. 서울시의 경우 '생명이음 청진기'라는 사업을 시행하고 있다. 이는 지역의 1차 의료기관과 연계하여 우울 등의 심리검사를 진행하고 필요한 때 마음건강상담을 이용할 수 있도록 연계하는 서비스이다. 서울특별시 자살예방센터 홈페이지를 방문하면 자신이 거주하고 있는 지역의 병·의원목록을 알 수 있다.

또한 서울시에서 운영하는 상담지원플랫폼인 '모두다'를 기억해두자. 서울시 자살예방센터와 서울시 코비드19 심리지원단에서 제공하는 컨텐츠에 기반하여 운영되는 상담, 지원, 라이브러리로 구성된 플랫폼이다. 우울, 자살, 불안 등 심리적 대처를 위한 내용과 코로나 19의 심리방역을 위한 내용으로 이루어져 있고 이를 통해 삶의 여러 위기에서 벗어날 수 있도록 돕고 있다. 상담의 경우도 다양한 카테고리로 구분되어 있고 내 상황에 맞는 마음처방전이 있다. 서울시민이 아니어도 누구나 홈페이지에 접속해서 다양한 컨텐츠를 활용하고 읽을 수 있다.
www.modooda.or.kr

다음 장의 표는 전국에 있는 청소년 상담복지센터와 정신건강복지센터, 자살예방센터 리스트이다. 본인이 사는 지역 이름을 포함해 각 센터를 검색해 보면 위치와 연락처 등을 알 수 있다. 같은 구에 두 개소로 확장된 곳은 (2)로 표시했다. 최근 부산, 대구, 강원도의 시설이 대폭 확장되었다.

청소년상담복지센터

	서울특별시청소년상담복지센터
서울특별시	구로구 · 노원구 · 양천구 · 영등포구 · 동작구 · 강남구 · 중랑구 · 강북구 · 도봉구 · 성동구 · 금천구 · 서대문구 · 은평구 · 서초구 · 송파구 · 마포구 · 광진구 · 강서구 · 관악구 · 동대문구 · 용산구 · 강동구 · 종로구 · 성북구(2)
	부산광역시청소년상담복지센터
부산광역시	금정구 · 기장군 · 남구 · 동구 · 동래구 · 북구 · 사상구 · 사하구 · 서구 · 수영구 · 영도구 · 중구 · 부산진구 · 해운대구 · 연제구
	대구광역시 청소년상담복지센터
대구광역시	군위군 · 남구 · 달서구(2) · 달성군 · 동구 · 북구 · 서구 · 수성구
	인천광역시청소년상담복지센터
인천광역시	강화군 · 계양구 · 남동구 · 동구 · 미추홀구 · 부평구 · 서구 · 연수구 · 중구(2)
	광주광역시청소년상담복지센터
광주광역시	광산구 · 남구 · 동구 · 북구 · 서구
	대전광역시청소년상담복지센터
대전광역시	서구 · 유성구
	울산광역시청소년상담복지센터
울산광역시	남구 · 동구 · 북구 · 울주군(2)
	경기도청소년상담복지센터
경기도	성남시 · 의정부시 · 안양시 · 부천시 · 광명시 · 평택시 · 동두천시 · 안산시 · 고양시 · 구리시 · 남양주시 · 오산시 · 시흥시 · 하남시 · 군포시 · 의왕시 · 용인시 · 파주시 · 이천시 · 안성시 · 김포시 · 양주시 · 여주시 · 화성시 · 광주시 · 연천군 · 가평군 · 양평군 · 포천시 · 과천시 · 수원시

강원도	강원특별자치도청소년상담복지센터
	강릉시 · 동해시 · 삼척시 · 속초시 · 영월군 · 원주시 · 정선군 · 철원군 · 춘천시 · 태백시 · 평창군 · 홍천군 · 횡성군
충청북도	충청북도청소년상담복지센터
	청주시 · 충주시 · 제천시 · 단양군 · 영동군 · 음성군 · 보은군 · 옥천군 · 증평군 · 진천군 · 괴산군 · 서청주
충청남도	충청남도청소년상담복지센터
	공주시 · 금산군 · 논산시 · 당진시 · 보령시 · 부여군 · 서산시 · 서천군 · 아산시 · 예산군 · 청양군 · 태안군 · 홍성군 · 계룡시 · 천안시
전라북도	전북특별자치도청소년상담복지센터
	전주시 · 군산시 · 익산시 · 정읍시 · 남원시 · 김제시 · 완주군 · 진안군 · 무주군 · 장수군 · 임실군 · 순창군 · 고창군 · 부안군
전라남도	전라남도청소년상담복지센터
	나주시 · 목포시 · 여수시 · 해남군 · 장흥군 · 진도군 · 순천시 · 완도군 · 광양시 · 영광군 · 화순군 · 영암군 · 고흥군 · 보성군 · 강진군 · 담양군 · 무안군 · 장성군 · 곡성군 · 함평군 · 구례군 · 신안군
경상북도	경상북도청소년상담복지센터
	경산시 · 경주시 · 영주시 · 영천시 · 포항시 · 김천시 · 구미시 · 문경시 · 상주시 · 울진군 · 청송군 · 칠곡군 · 청도군 · 예천군 · 의성군 · 성주군 · 안동시 · 고령군 · 봉화군 · 영덕군 · 영양군
경상남도	경상남도청소년상담복지센터
	거제시 · 거창군 · 고성군 · 김해시(2) · 남해군 · 밀양시 · 사천시 · 산청군 · 양산시 · 의령군 · 진주시 · 창녕군 · 창원시 · 창원시 마산 · 창원시 진해 · 통영시 · 하동군 · 함안군 · 함양군 · 합천군

제주도	제주특별자치도청소년상담복지센터
	제주시 · 서귀포시
세종특별자치시	세종특별자치시청소년상담복지센터

정신건강복지센터

서울특별시	서울특별시정신건강복지센터
	강남구 · 강동구 · 강북구 · 강서구 · 관악구 · 광진구 · 구로구 · 금천구 · 노원구 · 도봉구 · 동작구 · 동대문구 · 마포구 · 서대문구 · 서초구 · 성동구 · 성북구 · 송파구 · 양천구 · 영등포구 · 용산구 · 은평구 · 종로구 · 중구 · 중랑구
부산광역시	부산광역정신건강복지센터
	강서구 · 금정구 · 기장군 · 남구 · 동구 · 동래구 · 북구 · 사상구 · 사하구 · 서구 · 수영구 · 연제구 · 영도구 · 중구 · 진구 · 해운대구
대구광역시	대구광역정신건강복지센터
	남구 · 달서구 · 달성군 · 동구 · 북구 · 서구 · 수성구 · 중구
인천광역시	인천광역정신건강복지센터
	강화군 · 계양구 · 남동구 · 동구 · 미추홀구 · 부평구(2) · 서구 · 연수구 · 중구 · 옹진군
광주광역시	광주광역정신건강복지센터
	광산구 · 남구 · 동구 · 북구 · 서구
대전광역시	대전광역정신건강복지센터
	대덕구 · 동구 · 서구 · 유성구 · 중구
울산광역시	울산광역정신건강복지센터
	남구 · 동구 · 북구 · 울주군 · 중구

	경기도정신건강복지센터
경기도	가평군 · 고양시(아동청소년) · 과천시 · 광명시 · 광주시 · 구리시 · 군포시 · 김포시 · 남양주시 · 동두천시 · 부천시 · 성남시 · 성남시(아동청소년) · 수원시(노인) · 수원시(아동청소년) · 수원시(행복) · 시흥시 · 안산시 · 안성시 · 안양시 · 양주시 · 양평군 · 여주군 · 연천군 · 오산시 · 용인시 · 의왕시 · 의정부시 · 이천시 · 파주시 · 평택시 · 포천시 · 하남시 · 화성시
	강원도광역정신건강복지센터
강원도	강릉시 · 고성군 · 동해시 · 삼척시 · 속초시 · 양구군 · 양양군 · 영월군 · 원주시 · 인제군 · 정선군 · 철원군 · 춘천시 · 태백시 · 평창군 · 홍천군 · 화천군 · 횡성군
	충청북도광역정신건강복지센터
충청북도	괴산군 · 단양군 · 보은군 · 영동군 · 옥천군 · 음성군 · 제천시 · 증평군 · 진천군 · 청주시 상당 · 청주시 서원 · 청주시 청원 · 청주시 흥덕 · 충주시
	충청남도광역정신건강복지센터
충청남도	계룡시 · 공주시 · 금산군 · 논산시 · 당진시 · 보령시 · 부여군 · 서산시 · 서천군 · 아산시 · 예산군 · 천안시 동남구 · 천안시 서북구 · 청양군 · 태안군 · 홍성군
	전라북도광역정신건강복지센터
전라북도	고창군 · 군산시 · 김제시 · 남원시 · 무주군 · 부안군 · 완주군 · 익산시 · 전주시 · 정읍시 · 진안군 · 순창군 · 임실군 · 장수군
	전라남도광역정신건강복지센터
전라남도	강진군 · 고흥군 · 곡성군 · 광양시 · 구례군 · 나주시 · 담양군 · 목포시 · 무안군 · 보성군 · 순천시 · 여수시 · 영광군 · 완도군 · 장성군 · 장흥군 · 진도군 · 함평군 · 해남군 · 화순군

Part 4 마음 정리하기

	경상북도광역정신건강복지센터
경상북도	경산시 · 경주시 · 고령군 · 구미시 선산 · 구미시 · 김천시 · 군위군 · 문경시 · 봉화군 · 상주시 · 성주군 · 안동시 · 영덕군 · 영양군 · 영주시 · 영천시 · 예천군 · 울릉군 · 울진군 · 의성군 · 청도군 · 청송군 · 칠곡군 · 포항시 남구 · 포항시 북구
	경상남도광역정신건강복지센터
경상남도	거제시 · 거창군 · 고성군 · 김해시 · 남해군 · 밀양시 · 사천시 · 산청군 · 양산시 · 의령군 · 진주시 · 창원시 마산 · 창원시 진해 · 창원시 창원 · 창녕군 · 통영시 · 하동군 · 함안군 · 함양군 · 합천군
제주특별자치도	제주특별자치도광역정신건강복지센터
세종특별자치시	세종특별자치시광역정신건강복지센터
	세종시

자살예방센터

서울특별시	중앙자살예방센터 · 서울시자살예방센터(광역)
부산광역시	부산광역자살예방센터(광역) · 사상구
대구광역시	대구시자살예방센터(광역)
인천광역시	인천시자살예방센터(광역)
	미추홀구 · 동구 · 남동구
광주광역시	광주광역자살예방센터(광역)
대전광역시	대전시자살예방센터(광역)

울산광역시	울산시자살예방센터(광역)
경기도	경기도자살예방센터(광역)
	가평군 · 고양시 · 과천시 · 광명시 · 광주시 · 구리시 · 군포시 · 남양주시 · 김포시 · 동두천시 · 부천시 · 성남시 · 수원시 · 시흥시 · 안성시 · 안산시 · 안양시 · 양주시 · 양평군 · 여주시 · 연천군 · 오산시 · 용인시 · 이천시 · 의왕시 · 의정부시 · 파주시 · 평택시 · 포천시 · 하남시 · 화성시
강원도	강원도자살예방센터(광역)
	춘천시(2) · 원주시 · 홍천군 · 강릉시
충청남도	충청남도자살예방센터(광역)
	천안시 동남구 · 천안시 서북구
경상북도	경상북도자살예방센터(광역)
제주특별자치도	제주자살예방센터

자살예방센터는 독립적 형태인 기관형 · 부설형 센터와 전
담팀 형태의 운영, 이렇게 두 가지 종류가 있다. 표에는 기
관형 · 부설형 센터를 모두 언급하였다. 전담팀 형태란 광
역이나 정신건강복지센터 내에서 전담팀을 꾸려 사업을
수행하는 형태이다.

3 심리상담사의
정체성

I am a counselor

시간여행을 다루는 타임슬립 영화는 늘 흥미진진하다. 하루 혹은 어떤 장면을 반복할 수 있는 능력을 주제로 한 영화 말이다. 자신에게 그런 능력이 주어진 걸 알았을 때 놀라워하고 당황해하던 주인공들의 표정이 생생하다. 주인공들은 엉망이 되어버린 하루를 다시 살기도 하고, 실수를 만회하려고 어떤 순간을 여러 번 반복하기도 한다.

'나에게도 그런 능력이 있다면 어떨까'라는 생각을 해 본 적이 있다. 엉망이 되어버린 날을 되돌리려 그 능력을 쓸지 아니면 행복하고 기쁜 날을 다시 한번 살기 위해 그 능력을 사용할지 말이다. 행복하고 기쁜 순간들을 여러 번 반복한다면 그건 또 감흥이 사라지는 일상이 되지 않을까. 엉망이고 후회스러운 시간도 곰곰이 생각해보면 그 나름의 의미가 있으니 그것으로도 다행이지 않나 생각이 든다. 하지만 예기치 못한 사고나 너무 이른 죽음 등은 예외로 하고 싶다. 그럴 때는 그 능력이 너무나도 고마울 테니까 말이다.

상담현장에서 내담자들은 후회스러운 일을 많이 꺼내어 놓는다. 상담기법 중에 '기적 질문'이라는 게 있다. 만약 하루를 바꿀 수 있다면 어떤 날을 바꾸고 싶은지, 혹은 내일 아침 일어나서 어떤 모습을 본다면 내 상사나 가족들로 하여금 내 상황이 변했다고 느끼게 할 것 같은지를 묻는 것이다. 어떻게 보면 상담은 영화에서처럼 타임슬립 상황을 내담자들에게 제공한다. 물론 내담자의 상황을 과거로, 미래로 왔다 갔다 하면서 결국에는 현재에 집중하도록 인도한다.

다시 타임슬립 영화로 되돌아 가보자. 언젠가부터 주인공들은 타임슬립 능력에 연연하지 않는다. 자신의 능력을 알게 된 주인공들이 초반부 상당한 시간 동안 하루를 여러 번 반복하며 완벽하게 모든 일을 처리했었다면, 어느 순간부터는 되돌아가는 일을 그만두고 그냥 주어진 하루 치의 시간을 산다. 실수하면 실수를 인정하고 무언가를 성취하면 기뻐하고, 슬프면 그 슬픔을 오롯이 느끼면서 말이다. 조물주가 하루의 삶을 우리에게 준 것도 이런 것을 느껴보라는 뜻이 아닐까 싶다.

상담을 통해서 자신에게 주어진 일을 그대로 수용하는 성숙함을 경험하는 것은 내담자만이 아니다. 상담사들 또한 평범한 생활인, 그리고 인간으로서 '현재'에 충실히 살아내게 된다. 그래야만 내담자와 제대로 걸음을 걸을 수 있다. 내담자에게는 현재의 중요성을 말하면서 정작 자신은 과거에 묶여있는 상담사라면 그는 과연 내담자를 제대로 비출 수 있을까?

Q1

누군가에게 상담받고 싶은 날에는 무엇을 하시나요?

다른 모든 사람과 마찬가지로, 상담사들도 개인적인 어려움이나 인간관계의 갈등, 의기소침이나 주변의 예기치 않은 불행 등을 경험한다. 상담사도 삶을 살아내야 하는 평범한 사람들이다. '상담실 안에서의 모습으로 일상생활을 하겠구나'라고 오해하면 곤란하다.

내담자의 이야기를 들을 때는 그렇게 잘 보이던 문제들도 막상 나의 일이 되면 분간이 안 될 때도 많다. 스트레스가 누적되어 있고 정신을 못 차릴 만큼 급한 일이 아니라면 보통은 '잠깐 쉬자'라는 마음을 가진다. 그리고는 감정과 머리를 비우기 위해서 몸을 움직인다. 주변을 걷기도 하고 미뤄왔던 책장정리나 재활용 물건들을 내다 버리기도 한다. 카페에 가서 음악을 들으며 멍하게 있는 시간을 보내기도 하고 아주 늦게까지 늦잠도 잔다. 상황과 나를 분리하기 위해 '이건 내가 해결할 수 없는 영역이야.', '이 일은 내 일이 아니야.'라고 스스로 이야기한다.

이렇게 사고와 감정을 멈추기 위해 어느 정도의 시간을 보낸 뒤에는 다시 감정과 생각을 소환한다. 셀프상담의 비밀이라고도 볼 수 있다. 우선 감정을 먼저 다룬다. 가족이나 친구, 동료 상담사에게 기분을 털어놓으며 투덜대고 수다를 떨고, 속상했다고 말하며 울기도 한다. 감정의 교류나 해소는 꼭 필요하니 말이다. 친구나 가족이 시간을 함께할 수 없다면 누군가에게 마음을 털어놓는다고 생각하고 기도의 시간을 갖는다.

이렇게 감정을 다루었다면 그다음에는 생각의 차례이다. 종이를 꺼내어 놓고 할 수 있는 일과 할 수 없는 일을 분류한다. 이렇게 시간을 내어 적어가면서 분류하다 보면 내가 할 수 있는 일에 집중하자는 마음이 생긴다. 그 다음에는 플래너에 계획을 채워 넣는다. 너무 촘촘하게 채울 필요는 없고 플래너에 계획을 추가하는 정도로만 하면 좋다. 이렇게 하다 보면 어느 정도 감정과 생각이 정돈된다.

하지만 인생에는 다양한 문제들이 생긴다. 이런 셀프상담으로는 힘에 부치는 문제들 말이다. 그럴 때는 다른 상담사나 전문가를 찾아간다. 상담사들도 외부의 도움이 절실히 필요하다는 사인을 깨달을 수 있다. 감기에 걸렸을 때 집에 있는 상비약으로 해결이 될 때가 있고, 병원에 가서 주사를 맞고 치료가 받아야 할 때가 있는 것처럼 말이다. 다른 전문가의 도움을 받는 것은 개인적인 성장뿐 아니라 상담사의 역할을 위해서도 필요하다.

상담을 받다 보면 개인적인 삶과 직업적인 삶에 대한 통찰력이 생기고, 발전의 여정을 이어갈 수 있다. 이런 과정이 자기관리와 개인 성장을 위한 긍정적이고 능동적인 단계라는 점을 스스로 강조하며 시간을 이겨낸다.

심리상담사만의
직업병이 있을까요?

심리상담사로서의 직업병이 있다. 의학적인 소견이 나타나는 진짜 병이라기보다는 직업과 관련된 스트레스인데, 가장 어려운 건 2차 외상 스트레스라고 알려진 '연민 피로 Empathic Distress Fatigue'이다. 공감이 필수인 심리상담사가 내담자의 고통과 트라우마 사건에 계속해서 간접 노출되면서 생기는 증상이다. 한마디로 내담자의 감정적 부담에 압도되면서 정서적 과부하가 발생하는 것이다. 이 증상이 계속되면 감정적으로 다른 사람들과 공감하거나 연결하는 능력이 감소하게 되고 상담사라는 직업에 대한 만족도나 개인 생활에서의 행복도도 현저하게 낮아진다. 정서적 고갈과 직업적인 소진을 경험하면서 상담을 그만두게 되기도 한다. 그래서 상담사들은 자기관리가 중요하다. 내담자와의 상담 세션보다 더 우선시되어야 하는 게 자기관리라는 생각이 든다.

그리고 또 다른 직업병은 지인들과의 자리에서 자신의 심리적인 불편함이나 일상생활에서의 불평을 편하게 이야기하지 못한다는 것이다. 상담실이 아닌 곳에서도 마치 성숙한 상담사의 모습을 유지해야 한다는 보이지 않는 압박이 있다. 오히려 지인들은 상담사를 만났으니 잘됐다 싶어 고민을 쏟아내듯이 털어놓는데 말이다. 여기에서 한 발짝 더 나아가 지인들의 하소연과 불평을 자연스럽게 공감하고 끄덕이다 보면, 편안한 수다 모임이 갑자기 상담실로 둔갑할 수도 있으니 조심해야 한다. 상담은 상담실에서만 하는 게 가장 적절하다.

그래서 숙련된 상담사들은 모처럼 지인들을 만나면 본인이 먼저 유머 있게 다가가거나 이런저런 하소연도 하면서 자신의 감정을 유쾌하게 드러내려고 한다. 자연스러운 희로애락의 감정을 건강하게 표현하고 대화에 동참한다. 지인들이 은근슬쩍 상담 조언을 요청해도 자연스럽게 무시하고 넘어간다. 하지만 초보 상담사들은 지인들의 애로사항에 일일이 반응하면서 분석하고 해결하려고 하는 직업병이 드러난다. 어찌 보면 일상의 모든 이야기가 상담의 소재가 될 수 있다. 그래서 사람들과의 일상이 상담실이 된다는 것이 상담사의 직업병일 수 있다.

Q3
내담자에게 어떤 상담사로
기억되고 싶으세요?

소장님께

선생님과 함께 한 3년간 긴 시간에 감사드
립니다. 따뜻한 환대와 지지 덕분에 상담실
로 오는 발걸음이 힘들지 않았습니다. 예상
하지 못한 질문과 객관적인 평정심으로 저
를 이끌어주신 덕분에 두렵던 사람들과 일
해야 하는 그 공간이 이제는 편안해졌어요.
3년간 상담사로서 지켜주신 명확한 경계로
선생님을 신뢰하며 마음을 나눌 수 있었습
니다. 감사합니다.

3년의 상담을 마치고 종결하던 날 내담자가 건넨 말이다. 나의 마음에 깊은 감동을 주는 말이었다. 상담사로서 수고 했던 노력을 칭찬받는 것 같아 뿌듯했다. 나는 상담사로서 내담자들의 삶에 긍정적인 영향을 미친 사람으로 기억되 기를 바라는 것 같다.

내담자에게 깊게 공감하면서 그들이 가진 내면의 힘을 회 복하는 시간을 함께했기 때문에, 내담자와 상담사가 함께 한 시간은 꽤 밀도가 높다. 친구가 아닌 상담사로서 늘 경 계를 지켜가며 내담자의 새로운 세계를 함께 만들어 간다 고 볼 수 있다.

상담실 안에서 상담사와 신뢰할 만한 관계를 경험하며 자 기의 감정과 생각을 지지받으면 사람은 누구나 자기 안에 있는 강점을 발견하게 된다. 초등학생이건 팔순이 넘는 노 인이건 말이다. 상담실 안에서의 경험을 통해 일상생활에 서도 긍정적으로 적응하며 살 수 있게 된다.

내담자와의 만남은 또 다른 우주를 만드는 시간이라고 늘 생각하고 있다. 상담 이후에 다시 일상을 살게 되면 누구 나 예상치 못한 어려움이나 불쾌한 일을 또다시 경험할 수 도 있다. 그런 일이 생겼을 때, 상담실에서 함께 나누었던 건강한 의사소통 경험과 지지받았던 시간을 떠올리면서 꽤 잘 기능했던 자신의 긍정성을 깨닫게 되면 좋겠다.

Q4
심리상담사를 꿈꾸는 사람들에게
조언하자면?

심리상담사가 되는 길은 좁지 않다. 무조건 특정 대학의 특정 학과를 들어가야만 되는 것도 아니다. 하지만 그보다 내면적인 조건이 갖추는 것이 어려울 수 있다. 심리상담사에게는 건강한 의사소통과 성숙한 마음이 우선 되어야 한다. 상담사는 내담자를 비춰주는 거울이 되어야 하기 때문이다. 따라서 명확한 자기 인식과 열린 의사소통이 무엇보다도 중요하다.

의사소통과 관련하여 인간관계를 알려주는 심리학 이론 중에 '조하리의 창'이라는 이론이 있다. 1955년 심리학자 조셉 루프트Joseph Luft 와 해링턴 잉햄Harrington Ingham 이 개발한 조하리의 창Johari Window Model 은 자기 인식과 대인 관계에서의 소통을 향상하기 위해 사용되는 도구이다. '조하리의 창'이라는 명칭은 연구자인 조Joe 와 해리Harry 의 이름을 합쳐 지어졌다. 조하리의 창은 모두 네 개의 면, 즉 네 개의 영역으로 구성되어 있다. 개인이 얼마만큼 자신을 드러내는 개방적 의사소통을 하고 동시에 다른 사람의 피드백을 수용하느냐에 따라 네 개의 면의 넓이가 달라진다.

자신도 알고 타인도 아는 '열린 영역', 자신은 모르지만 타인은 아는 '눈먼 영역', 자신은 알지만 타인은 모르는 '비밀의 영역', 나도 모르고 타인도 모르는 '미지의 영역'.

그림으로 설명하면 다음과 같다.

피드백 수용   ⟶

자기개방 ↓	나도 알고 타인도 아는 **열린 영역**	나는 모르고 타인은 아는 **눈먼 영역**
	나는 알고 타인은 모르는 **비밀의 영역**	나도 모르고 타인도 모르는 **미지의 영역**

열린 영역

이 부분은 자신과 다른 사람 모두에게 알려진 나에 대한 정보를 나타낸다. 쉽게 관찰할 수 있는 성격, 행동, 태도, 감정을 보여준다. 개방적으로 의사소통하고 피드백을 잘 수용할수록 이 영역이 점점 더 넓어진다.

눈먼 영역

자신은 모르지만 다른 사람에게는 알려진 측면을 나타낸다. 다른 사람은 관찰할 수 있지만, 자신에게는 인식되지 않는 습관이나 행동 같은 것들이 포함된다. 이 분야에서 인식을 높이는 데는 다른 사람들의 피드백을 수용하는 것이 중요하다.

비밀의 영역

자신은 알지만 다른 사람들에게는 숨겨진 개인의 비밀영역이다. 공개하지 않기로 선택한 사적인 생각, 감정, 경험이라고 할 수 있다. 다른 사람들과 자신에 대해 더 많이 공유함으로써 비밀의 영역은 작아질 수 있고 타인과의 신뢰감이 깊어질 수 있다.

미지의 영역

이 부분은 본인도 알 수 없고 타인도 모르는 영역을 나타낸다. 무의식적인 측면, 실현되지 않은 잠재력 또는 아직 발견되지 않은 정보를 포함한다. 자기발견, 개인적 발달, 타인으로부터의 피드백을 통해 개인은 이 영역을 점차 축소할 수 있다.

이 네 가지의 창을 잘 이해하고 활용하면 타인과 좋은 관계를 맺는 데 도움을 받을 수 있다. 이 4가지 영역의 넓이는 인간의 환경과 개인의 성숙도에 따라서 계속 변화한다. 만약, 내가 타인에게 먼저 마음을 열고 나의 마음속 깊은 이야기들을 하기 시작한다면 상대가 몰랐던 내 마음의 숨겨진 영역은 줄어드는 동시에 열린 공간은 늘어가게 된다.

마치 시소의 높낮이가 변하는 것과 같다. 타인과 내가 의사소통을 하면서 공유하는 부분이 많아지고, 그 사람과는 친밀한 관계가 되는 것이다.

개방적인 의사소통 외에 다른 한 축은 피드백의 수용이다. 상담의 과정에서 내담자는 서서히 자신을 개방하고 상담사 피드백을 수용하는 경험을 한다. 상담사와 내담자가 안전한 공간에서 새로운 인간관계를 맺는 것이다. 이를 통해서 내담자의 열린 영역은 확장되고 비밀의 영역이나 눈먼 영역은 줄어든다.

따라서 상담사를 꿈꾸는 사람이라면 우선 개인적으로 상담을 받는 것을 고려해보면 좋을 것이다. 내담자가 되어 상담을 경험하는 것은 상담과정에 대한 이해를 깊게 하고 개인적인 문제를 해결하는 데 도움이 될 수 있다. 또 막연하게 생각했던 상담의 세계를 직접 알 수도 있을 것이다. 무료로 상담받을 수 있는 기관이 많아서 어렵지 않게 상담 기회를 잡을 수 있다. 학교에 다니고 있는 청소년이나 대학생이라면 학교 내에 있는 Wee 클래스와 학생상담센터를 이용하면 된다. 성인이라면 지역사회에 있는 여성가족부나 교육부, 보건복지부 산하의 무료상담기관에 신청할 수 있다. 가능하다면 유료상담을 경험 해 보는 것도 좋다.

개인상담이나 집단상담의 경험이 생겼다면 이제는 상담사

의 경험을 해보는 것도 추천한다. 학생이라면 학교에 있는 Wee 클래스나 학생상담센터에서 '또래상담사'를 경험해 보면 좋겠다. '또래상담'이란 비슷한 나이와 유사한 경험 및 가치관 등을 가지고 있는 청소년들이 일정한 훈련을 받은 후에 자신의 경험을 바탕으로 하여 주변에 있는 다른 또래들의 고민이나 문제 해결을 돕고, 또래들이 성장하고 발달할 수 있도록 지지적인 도움을 제공하는 프로그램이다.

'솔리언 또래상담'을 들어보았을 것이다. 솔리언Solian 이란 해결한다는 뜻의 Solve와 사람을 뜻하는 접미사인 ian의 합성어이다. 또래의 고민을 듣고 함께 문제를 해결하기 위해 돕는 친구라는 의미이다. '솔리언 또래상담'은 한국청소년상담복지개발원에서 제작하고 보급하는 또래상담 프로그램의 고유명칭이다. 각급 학교와 청소년상담복지센터에서는 '솔리언 또래상담'을 위한 교육프로그램을 운영하면서 또래싱딤 활동을 지원하고 있다.

이 활동은 초·중·고·대학생을 대상으로 한다. 원하는 학생은 학교 Wee 클래스나 학생상담센터에 신청을 하고 7시간~15시간의 교육을 받고 나면 또래상담사 활동을 할 수 있다. 이렇게 내담자와 상담사의 경험을 모두 하고 나면 상담의 과정과 상담사에 대한 구체적인 청사진을 가질 수 있게 되고, 더 현실적으로 상담사라는 직업에 접근할 수 있을 것이다.

상담사가
사용하는 언어

가족상담

가족 구성원들이 함께 참여하여 가족 관계와 문제를 해결하는 형태의 상담이다.

개인상담

내담자가 상담사와 일대일로 상담을 받는 형태이다.

내담자

상담을 받는 사람을 말한다. 클라이언트라는 용어를 사용하기도 하지만 내담자라는 용어가 더 일반적이다.

라포

상담사와 내담자 간에 형성되는 신뢰감, 친밀감을 말한다. 주로 상담 초기에 라포형성이 중요하다.

마라톤

1박 2일 이상 숙식을 함께 하면서 진행하는 집단상담을 말한다.

사례 개념화

내담자가 힘들어하는 호소 문제 이면에 있는 핵심 기제에 대한 가설을 세우고 상담의 방향을 수정하는 작업으로 효과적인 상담을 위한 필수 과정이다.

상담사

상담을 제공하는 전문가로서, 클라이언트의 문제를 듣고 해결하는 데 도움을 주는 사람이다.

상담의 구조화

상담 초기에 내담자와 상담의 목표를 정하고 상담횟수와 상담시간 등을 명확하게 함으로써 상담을 계획적이고 체계적으로 진행하는 과정을 말한다.

상담 프로세스

상담과정 전반을 나타내는 용어로, 상담목표 설정, 상담전략구축, 실행, 평가 등으로 구성된다.

소진

지속적인 상담으로 인해 피로도가 축적되고 결국은 내담자에게 집중할 수 없을 만큼 지친 상태를 말한다. 상담의 업무가 많아서 생길 수도 있고 변화가 더딘 내담자를 지속적으로 상담하면서 생기는 경우도 있다.

수련

일정한 자격증을 받기 위하여 오랜 시간을 들여 교육을 받고 실습을 하는 일련의 과정이다. 교육참여, 내담자 경험과 상담사 경험을 포함한 상담실습, 사례발표와 슈퍼비전 등이 포함되며 많은 시간과 비용이 소요된다.

슈퍼비전

전문적인 심리 · 상담 업무를 수행하는 데 있어 지도와 지원을 받는 과정을 말한다. 일반적으로 슈퍼비전은 더 경험이 풍부한 전문가에 의해 제공된다. 이 과정은 심리상담사의 역량 향상, 윤리적 문제해결, 전문성 강화 등을 위해 필수적이다.

심리검사

내담자의 정신적, 정서적 상태를 평가하기 위해 다양한 검사 및 평가 도구를 사용하여 정보를 수집하는 과정이다. 심리검사에는 병리를 판단하기 위한 진단검사와 개인의 특성을 알아보기 위해 비진단검사가 있다.

주호소 문제

내담자가 가장 힘들다고 표현하는 문제를 말한다.

진단

내담자의 문제를 이해하고 판단하기 위해 정보를 수집하고 분석하는 과정이다.

집단상담

여러 사람이 함께 모여 상담을 받는 형태로, 공통의 주제나 문제를 다룬다.

전이와 역전이

전이는 내담자가 과거의 경험에서 가졌던 충족되지 못한 욕구를 현재의 상담자에게서 해결하고자 하는 현상이다. 역전이는 반대로 내담자의 태도 및 행동에 대한 상담사의 개인적 정서 반응이며 내담자에게 자신의 과거 경험이나 감정을 투사하는 현상이다. 전이와 역전이는 상담과정에서 흔하게 발생한다.

추수 상담

상담종결 후 일정 시간이 지난 다음 실시하는 상담으로서 내담자의 기능상태와 행동 변화를 확인하고 격려함으로써 지속적인 성장을 촉진하는 상담이다.

EPILOGUE

"안녕하세요. 제가 상담자원봉사를 하고 싶은데 이력서를 가지고 센터를 방문해도 될까요?" 20여 년 전, 지역사회에서 상담서비스를 제공하는 기관 네 군데를 찾아서 용기 내어 전화를 걸던 날이 또렷하게 기억이 난다. 석사졸업 후 가정을 꾸리고 아이를 양육하며 정신없는 나날을 보내던 어느 날, 책장 사이에서 '1995년 샌프란시스코 상담실에서…'라고 적힌 사진을 한 장 발견했다. 그 사진 덕분에 잠시 넣어둔 꿈을 다시 찾게됐다.

1991년, 사회사업학과에 신학했다. 그 당시 인문사회계열의 전공에서 사람을 다루는 학문은 심리학, 교육학, 사회사업학, 가정학 정도였고, 나는 사회의 다양한 구성원과 그들을 돕는 여러 가지 방법과 지원체계를 공부하는 게 흥미로웠다. 학부를 마치고 대학원에 진학했다. 1900년대 중후반 서구에서 꽃 핀 가족치료와 심리학 분야의 수많은 이론과 눈부신 업적을 배웠다. 개인과 가족의 심리적인 성장 그리고 회복이라는 영역이 얼마나 중요한지 알게 되면서 상담이라는 분야의 중요성을 깨닫게 되었다.

대학원 과정 중에 미국에 있는 상담센터에서 인턴십 기회를 얻었다. 난생처음 밟아 본 미국 땅에서 경험한 상담이라는 영역, 그리고 상담체계가 촘촘하게 지역사회에 분포되어 있어서 누구라도 손쉽게 접근할 수 있는 구조와 분위기가 놀라웠다. 영화에서나 보았던 개인이 운영하는 상담실에 처음으로 방문했던 날, 상담센터와는 또 다른 느낌을 받았다. 푹신한 소파와 카펫, 커다란 화분이 놓여있었고 아늑한 공간이 주는 편안함과 따뜻함이 느껴졌다. 머리가 희끗희끗한 상담사의 눈빛과 빼곡한 책이 놓인 책장… 이 모든 것에 나는 매료 되었다. 그리고 이 일을 하고 싶다는 생각이 들면서 가슴이 두근거렸다.

상담사와 함께 찍은 그 사진을 발견하고, 결혼과 동시에 잊고 있었던 나의 두근거림이 떠올랐다. 다시 상담사로 일해보고 싶었다. 그 길로 인터넷과 전화번호부를 뒤져 무작정 센터에 전화를 건 것이다. 아무런 연고도 없던 곳임에도 불쑥 찾아가겠다는 나의 용기에 기관의 상담팀장님은 긍정의 답을 해주었고, 그 날부터 심리상담사를 향한 나의 또 다른 여정이 시작되었다. 20여 년간 서울을 오가며 수많은 교육을 받았고 시험과 자격증과 학위를 취득했다. 그리고 학교와 법원과 상담실과 또 지역사회의 다양한 기관에서 많은 내담자를 만났다.

이제는 심리상담이라는 분야가 더 이상 낯설지 않다. 많은 사람이 심리상담에 관심을 두게 되었고 TV 프로그램의 단골 소재가 되기도 했다. 요즘은 변화무쌍한 미래사회에서 인공지능이 대체할 수 없는 영역이라는 말도 듣는다. 내담자가 겪는 일을 상담사가 다 겪을 수도 완전히 다 이해할 수도 없지만, 상담실이라는 공간 안에서 진심으로 공감하고 함께 성장해 나갈 수 있다는 것이 심리상담의 매력이다. 나는 이 직업이 무척 보람 있고 자랑스럽다. 내 가슴을 뛰게 했던 30년 전 샌프란시스코 작은 상담실의 선생님처럼, 이 글이 심리상담사를 꿈꾸는 사람들에게 도전과 격려가 되길 바란다.

심리상담사, Here and Now

초판인쇄 2024년 9월 13일
초판발행 2024년 9월 13일

글 이수경
발행인 채종준

출판총괄 박능원
책임편집 구현희
디자인 김예리
마케팅 안영은
전자책 정담자리
국제업무 채보라

브랜드 크루
주소 경기도 파주시 회동길 230(문발동)
투고문의 ksibook13@kstudy.com

발행처 한국학술정보(주)
출판신고 2003년 9월 25일 제406-2003-000012호
인쇄 북토리

ISBN 979-11-7217-485-9 03040

크루는 한국학술정보(주)의 자기계발, 취미 등 실용도서 출판 브랜드입니다.
크고 넓은 세상의 이로운 정보를 모아 독자와 나눈다는 의미를 담았습니다.
오늘보다 내일 한 발짝 더 나아갈 수 있도록, 삶의 원동력이 되는 책을 만들고자 합니다.